民事审判实训教程

孙立智◎著

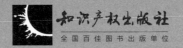
知识产权出版社
全国百佳图书出版单位

图书在版编目（CIP）数据

民事审判实训教程/孙立智著. —北京：知识产权出版社，2019.9

ISBN 978 - 7 - 5130 - 6317 - 3

Ⅰ.①民… Ⅱ.①孙… Ⅲ.①民事诉讼—审判—中国—高等学校—教材

Ⅳ.①D925.118.2

中国版本图书馆 CIP 数据核字（2019）第 121022 号

责任编辑：刘　睿　邓　莹　　　　　　　责任校对：潘凤越

文字编辑：邓　莹　　　　　　　　　　　责任印制：刘译文

民事审判实训教程

孙立智　著

出版发行：知识产权出版社 有限责任公司		网　　址：http：//www.ipph.cn	
社　　址：北京市海淀区气象路 50 号院		邮　　编：100081	
责编电话：010 - 82000860 转 8346		责编邮箱：dengying@ cnipr.com	
发行电话：010 - 82000860 转 8101/8102		发行传真：010 - 82000893/82005070/82000270	
印　　刷：保定市中画美凯印刷有限公司		经　　销：各大网上书店、新华书店及相关专业书店	
开　　本：720mm×1000mm　1/16		印　　张：16.75	
版　　次：2019 年 9 月第 1 版		印　　次：2019 年 9 月第 1 次印刷	
字　　数：250 千字		定　　价：68.00 元	

ISBN 978 -7 -5130 -6317 -3

目　录

第一章　民事审判实训大纲 ……………………………………… 1

第一节　民事审判实训概述 ………………………………… 1

第二节　民事审判实训的条件 ……………………………… 4

第三节　民事审判实训的教学环节 ………………………… 5

第二章　民事一审普通程序 ……………………………………… 9

第一节　起　诉 ……………………………………………… 9

第二节　审查与受理 ………………………………………… 17

第三节　审理前的准备 ……………………………………… 22

第四节　开庭审理 …………………………………………… 39

第五节　开庭审理中特殊情况的处理 ……………………… 82

第三章　民事简易程序 …………………………………………… 88

第一节　简易程序的适用 …………………………………… 88

第二节　小额诉讼程序 ……………………………………… 92

第四章　民事二审普通程序 ……………………………………… 95

第一节　上诉与受理 ………………………………………… 95

第二节　上诉案件的审理 …………………………………… 98

第五章　民事再审程序 ·············· 104

第一节　再审程序的概述 ·············· 104

第二节　再审的提起 ·············· 105

第三节　再审案件的审理与裁判 ·············· 109

第六章　民事审判实训常用法律文书格式 ·············· 113

第一节　当事人用法律文书格式 ·············· 113

第二节　法院类裁判文书格式 ·············· 121

附录一　民事审判实训案例 ·············· 137

附录二　民事审判实训卷宗 ·············· 159

附录三　民事案件审判常用法规 ·············· 213

法官行为规范 ·············· 213

中华人民共和国人民法院法庭规则 ·············· 231

最高人民法院关于人民法院合议庭工作的若干规定 ·············· 235

人民法院法官袍穿着规定 ·············· 238

人民法院法槌使用规定 ·············· 239

律师出庭服装使用管理办法 ·············· 240

律师执业行为规范（节选） ·············· 242

附录四　民事审判实训实践报告 ·············· 249

第一章

民事审判实训大纲

第一节　民事审判实训概述

一、民事审判实训概念

民事审判实训是法学教育中一种理论与实践相结合的教学方法或教学模式，是指在教师的指导下，以学生为主体，运用课堂所学的法学理论知识，借助一定设备，模仿真实法庭审判的实践性法学教学活动。❶ 它具有以下特点。

第一，教学活动的实践性。民事审判实训是实践性教学，其主要的教学环节是由学生分别担任不同的法庭角色，共同参与案件的模拟审理。在此过程中，学生将课堂中所学的法学理论知识、司法基本技能等综合运用于实践，活学活用，以达到理论和实践相统一的教育目的。

第二，学生参与的主体性。民事审判实训课程一改传统法学教育中教师为主导，学生被动学习的局面，将学生置于整个课程的主体地位，而教师仅仅是教学活动的组织者和答疑者，极大地增强了学生的主体性和积极性。

---

❶ 廖鸿玲，史艳利. 民事案件模拟审判实训教程［M］. 成都：四川大学出版社，2010：9.

第三，诉讼角色的扮演性。民事审判实训是在教师的指导下由学生扮演法官、检察官、律师、案件的当事人、其他诉讼参与人等，以司法实践中的法庭审判为参照，模拟审判某一案件的教学活动，因此，选择好的剧本对于增强模拟活动的真实性至关重要。

第四，法庭场景的模仿性。民事审判实训应当设置独立的模拟法庭实验室，从而营造出真实的法庭氛围，使学生切身感受到法庭的庄严与神圣。此外，模拟法庭实验室的建设应符合《中华人民共和国人民法院法庭规则》的具体要求，配备齐全的软硬件设置。

二、民事审判实训在法学实践教学中的意义

（1）克服传统法学教育弊端，促进理论知识向实践技能转化，培养和训练学生实践操作技巧，推进职业素质教育。囿于大陆法系的特色，我国传统法学教育以课堂授课为主，偏重对法学理论的探讨和对法律概念以及法律条文的解析，忽视了对学生实务操作能力的培养，其结果必然导致大量法学本科毕业生进入法律实务界后难以胜任和适应具体的法律实务，而模拟法庭教学的引进恰好为学生提供了一个集中进行模拟法律实践的场所和机会，让学生在模拟的诉讼环境中熟悉、掌握具体的审判过程，较直接地面对法律实践问题的考验，让书本中的理论在实践工作中得到检验，通过模拟法庭教学，使学生在未进入社会从事法律职业前就得以进行职业素质教育，从而缩短了法学教学与法律工作实践的距离。

（2）加快教师的思想转变，推动教学模式的改变。模拟法庭活动的积极效果可以给教师留下深刻的印象，使其生动地体会到素质教育的重要性，最终激励他们在自己的教学工作中做出大胆的实践与创新，从而推动教学模式改革的进行。

（3）充分调动学生的积极性、主动性和参与性。传统的法学教育容易导致"满堂灌"的后果，教师一人说法的枯燥和乏味往往使学生处于被动接受的地位，进而丧失学习兴趣。模拟法庭教学的应用能够使书本知识变成"活知识"，使学生从被动接受变为主动参与，充分调动学生的积极性

和参与性，最大限度地体现学生的主体意识。

（4）有助于培养学生的创造性思维，进一步增强学生的综合能力。模拟法庭教学将静态的、枯燥的法律条文通过动态的、形象的方式展现给学生，促使他们仔细鉴别，去粗取精、去伪存真，学会如何在庭前形成法律意见和开庭时进行法庭陈述和辩论，并找出法律要素之间的冲突，从而启发学生的创造意识，促使他们进行创造性思考。同时，模拟法庭还可以锻炼学生多方面的才能，如辩论口才、组织能力、写作能力、分析能力、社会交际能力，等等，从而进一步增强学生的综合素质。

（5）培养和增强学生的法律意识，树立依法治国理念。由于模拟法庭所采用的都是与学生们生活息息相关的案例，通过这些活生生的例子，同学们的心灵必定会受到强烈冲击，他们会逐步认识到要想走好人生的路，就必须先学会做人，就必须树立起正确的人生观、世界观、价值观。同时，每位模拟法庭的参与者都会亲身参与到法院审理案件的全过程，理解到每个程序细节所包含的法律知识和意义，深刻体会到法律的威严，从而有效地增强其法律意识和法制观念。

三、民事审判实训的教学目标

（一）知识目标

（1）巩固和加深对民事诉讼法理论知识的理解记忆。民事审判实训课程应开设在民事诉讼法理论课程之后。在民事审判实训课程中，学生能够将之前学习的静态民事诉讼法理论知识运用到动态的模拟审判实践中，让死知识变成了活应用，有利于加深学生对理论知识的理解，并在理解的基础上强化记忆。

（2）有效地将民事实体法和程序法知识结合在一起。在以往的教学体系中，民事实体法和程序法是两门独立的学科，学生通过单独的学习很难自行将两个学科的知识融合在一起，而实际上二者应该是相辅相成的关系。民事审判实训中，学生不仅需要模拟整个民事诉讼的流程，更要针对案情进行实体法律关系分析，这在无形中促进了学生将实体法和程序法知识融合在一起，使其知识体系更加系统化、全面化。

（二）能力目标

培养和锻炼学生的综合法律实务能力。包括程序操作能力、运用实体法分析案件的能力，证据运用能力、语言表达能力、逻辑思维能力以及法律文书的写作能力等。

（三）素质目标

培养学生的法律职业伦理。抽象的法律正义观只有在具体的个案中才能得到体现。民事审判实训让学生在实践中把握法律职业伦理标准，确立法律人应有的行为操守，树立正确的法律信仰。

第二节　民事审判实训的条件

（一）硬件设施

民事审判实训课程应当配备一个设备齐全、功能完备的实训实验室，为达到模拟逼真的效果，实验室场地应尽可能按照《最高人民法院关于法庭的名称、审判活动区布置和国徽悬挂问题的通知》的要求进行布置。

除此之外，实验室还应配备齐全的法庭设备，包括：国徽、审判桌椅、法槌、桌牌、法官袍、检察官服、法警制服、书记员制服、律师袍，等等。为了便于指导教师庭后点评和保存资料，实验室还应尽可能配备电脑网络设施、投影仪、摄像机以及文件柜等。

（二）制度保障

民事审判实训的顺利进行需要一系列制度的保障，具体如下：

（1）时间保障。民事审判实训的授课过程中会有一些集中性的模拟实践，如庭前会议、调解、开庭审理、法院观摩，等等。这些实践活动的时间具有不固定性，无法准确控制，所以该课程的上课时间安排应当尽量灵活。

（2）设施维护和管理制度。由于实训室的设施较多，应制定一套详尽的制度对设施进行有效维护和管理。具体包括：实验室使用登记制度，制作专门的实验室使用登记簿，每次使用时记录使用时间、人员；实验室器材维护保管制度，安排专门人员管理实验室器材，每次使用、归还和维护做好交接记载手续。

（3）建立长期有效的司法实务部门指导机制。充分利用学校在司法实务部门建立的教学实践基地，加强与实务部门工作人员的双向交流。一方面，可以在实训中带领学生去法院、检察院、律师事务所等实务部门观摩和了解真实的办案经过；另一方面，也可以邀请具有丰富实践经验的实务部分人员定期来学校参与和指导审判实训课程。

（4）经费保障。为了保障和维护每学期的审判实训教学，至少应当安排以下实验经费：服装干洗费、摄像和光盘刻录费、组织学生到法院旁听观摩的交通费等。

第三节　民事审判实训的教学环节

民事审判实训课程的教学包括以下几个环节：

（一）明确民事审判实训课程的主要内容和目标

在具体实践操作之前，有必要让学生从宏观上了解本课程的教学内容和目标。一方面让学生对整个模拟流程建立一个通盘框架；另一方面让学生在模拟的过程中能够把握重点，树立目标，并有的放矢地训练自己的弱项。

（二）选取案例

选取合适的案例是民事审判实训成功的关键。为了让实训的过程更加逼真，更加吸引学生，并最大化地囊括更多的知识点，选取的案例应当尽可能地具有代表性和社会影响力，有一定的争议和难度，并尽量涉及更多的证据种类，兼顾更多的法律程序。

为加强模拟的真实性，选用的案例最好是真实案例。可以从法院或律师事务所审结的案例中挑选，也可以是同期正在审理的新闻媒体报道的热点案件，但一定要注意已审结的案件不能将诉讼结果和判决书告知学生，防止学生先入为主，未审先定。

（三）分配角色

为了保证尽可能让每个学生都参与到实训过程中，可以根据班上的人数分组模拟。不同的小组模拟不同的案件，还可以考虑不同的案件适用不同的诉讼程序，比如一审普通程序、一审简易程序、调解程序，让学生尽可能模拟到更多的诉讼程序。每个小组根据小组分配的案例确定具体的角色，一般包括原告组（原告及其律师）、被告组（被告及其律师）、法官组（独任法官或合议庭及书记员）、其他诉讼参与人组（证人、鉴定人等）。各个角色的分配可以由学生自荐或抽签的方式确定。

（四）按照诉讼程序的进行，分阶段分角色边讲解边组织学生实施模拟

确定好角色之后，最好不要让学生直接开始实训，以免学生思路不清晰，知识点遗忘，从而造成程序混乱，效率不高。建议将指导教师的理论讲解和学生的实训活动穿插结合起来，以便学生有条不紊地高效模拟。具体方法是指导教师先按照审判流程分阶段讲解实训要点，每个阶段讲解完毕之后各个小组再开始该阶段的实训，然后由老师检查完成的进度并指出和纠正错误的地方。一个阶段完成并无误之后，指导教师再进行下一个阶段的讲解。在理论讲解中除了再次温故已学过的程序法知识外，更重要的是针对不同角色在不同阶段的实务操作进行详细的介绍。例如，原告在起诉阶段应该向法院哪个部门提交哪些诉讼材料，法官在立案审查阶段应当如何审查立案，律师在审前准备阶段需要进行哪些具体工作，等等，结合实践操作经验，分角色讲解，这会让学生在具体模拟的时候对每一个步骤的实践运行更加清晰明了和高效。另外，在实训的过程中可定期邀请实务

工作人员来课堂讲解实务经验，并对学生的活动进行指导和解惑。

（五）在模拟开庭审理环节进行前组织学生去法院近距离旁听观摩真实庭审

审前准备环节模拟完毕之后，开庭审理环节进行之前，可以先让学生观看一次开庭审理标准程序教学碟，然后组织学生去法院旁听观摩真实庭审，这对接下来的模拟开庭意义重大。

（六）模拟开庭审理

开庭审理是实训课程的重要环节，如果有小组采取了调解结案的，可不用开庭直接制作卷宗，其他小组根据自己选择的普通或简易程序分别开庭。为尽量保证开庭的真实性，开庭全过程由学生自行完成，指导教师不干预，也可以根据需要在正式开庭前进行一次预演彩排，开庭时可以邀请实务部门人员来现场观看和点评。开庭的过程应当全程录像以便归档。

（七）总结和评议

开庭审理结束后，首先由其他旁听的同学发表意见，可以对模拟审判的过程指出存在的问题，提出自己的疑问；其次由进行模拟审判的学生进行自评，以便对自己在模拟过程中遇到的问题进行自我总结；最后由指导教师或旁听的实务人员就模拟的全过程和每个同学的表现进行总结和评议。

（八）整理卷宗并归档

案件审结后，法官组的同学整理并制作卷宗。卷宗的制作和装订应当严格遵守最高人民法院《人民法院诉讼文书立卷归档办法》的规定，以培养学生良好的司法工作规范性。制作完成的卷宗交由实训室按照不同的年级归档存放，方便以后的学生查阅，也为以后的教学工作积累丰富的原始资料。

（九）课程考核

作为一门独立的法学实践课程，本课程应当有符合自己教学目标和特点的独立考核体系。

首先在考核目标上，本课程重在考查学生的实践操作能力，具体可分为以下几个考核指标：（1）诉讼程序操作的规范性。本课程的首要教学目标就是学生能够对民事诉讼的全过程进行熟练和规范的模拟，因此，从起诉到判决的每一个诉讼流程是否能正确规范的走完就是本课程的首要考核目标。（2）实体法的运用能力。程序和实体相辅相成，不可分割，因此在模拟的过程中能不能准确地运用已学过的法学知识综合分析案情也应当是课程的考核目标。（3）语言表达能力。规范的法律用语、高超的辩论能力、标准的普通话水平、语调语速的掌控，这些都是作为一个法律职业人应当具备的语言表达能力。（4）庭审技巧。重点考查每一个学生能不能在庭审中很好地完成自己角色的职责和定位，以及临场应变能力，等等。（5）法律文书的写作。这是每一个法律人必备的职业技能。（6）参与模拟的态度和积极性。因为每个角色都由小组分工，为防止有些学生搭"顺风车"，只挂名不参与，甚至在模拟的过程中缺席逃课，同时奖励那些在模拟中参与度高、工作量大的学生，态度和积极性也是考核应当参考的要素。

其次在考核方式上，本课程不适用于学期末的一次性考试，而应当采取贯穿本课程全程的考核。结合上面所说的考核指标，根据每个学生在模拟各个环节的表现分项打分，在适合学生互评的环节也可以由学生相互打分，学期末的时候由教师综合各项打分给出最终成绩。

第二章

民事一审普通程序

普通程序是人民法院审理一审案件通常适用的程序，它在整个民事诉讼程序中占有十分重要的地位。在实训的案例中，至少应当有一组选择普通程序模拟，模拟的流程应当包含从起诉到宣判的全部过程。

第一节 起 诉

起诉是指公民、法人或者其他组织认为其民事权益受到侵害或者与他人发生民事争议时，请求人民法院通过审判方式予以司法保护的诉讼行为。本环节主要由原告组的同学完成。

一、起诉的条件

（一）私益诉讼中起诉须符合的条件

（1）原告是与本案有直接利害关系的公民、法人和其他组织；

（2）有明确的被告；

（3）有具体的诉讼请求和事实、理由；

（4）属于人民法院受理民事诉讼的范围和受诉人民法院管辖。

（二）公益诉讼中起诉须符合的条件

（1）有明确的被告；

（2）有具体的诉讼请求；

（3）有社会公共利益受到损害的初步证据；

（4）属于人民法院受理民事诉讼的范围和受诉人民法院管辖。

二、起诉的方式

（一）书面方式

《民事诉讼法》规定原告起诉应向人民法院递交起诉状，并按照被告人数提出副本。

1. 起诉状的内容

起诉状应当记明下列事项：

（1）原告的姓名、性别、年龄、民族、职业、工作单位、住所、联系方式，法人或者其他组织的名称、住所和法定代表人或者主要负责人的姓名、职务、联系方式。

（2）被告的姓名、性别、工作单位、住所等信息，法人或者其他组织的名称、住所等信息。

（3）诉讼请求和所根据的事实与理由。

（4）证据和证据来源，证人姓名和住所。

2. 书写起诉状应注意的事项

（1）书写当事人基本情况时需注意：一是同案原告为两人以上的，应当逐一写明；同案被告为两人以上的，应按责任大小的顺序写明。二是原被告是法人或其他经济组织的应当写全称，且与其公章上的字样一样。

（2）原告在起诉时已经委托了诉讼代理人的，可以在原告情况介绍后写明委托诉讼代理人的情况。如果存在法定诉讼代理人的，还应写明法定诉讼代理人的情况。有第三人的，在原被告之后列明。

（3）诉讼请求是原告诉请法院解决的具体问题，应列举明确，不能使用"请求法院依法保护合法权益"之类的模糊语。不同性质的诉讼请求应逐项列写，涉及多项金钱给付类请求的，除了总金额的列举以外，每项请求金额也都应明确列举，也可将所有金额的明细列出详细清单附在附件中。

（4）事实和理由是起诉状的核心内容，是指原告向人民法院请求予以法律保护所依据的案件事实、证据事实和法律依据。主要写清当事人之间的法律关系，双方纠纷发生和发展情况，当事人之间争议的主要焦点和双方民事争执的具体内容。

（5）列写证据时应当注意三点：一是证据的名称应当规范，必须符合法律规定；二是不仅要写明证据的名称，还要写明证据的来源；三是涉及证人证言的，应当写明证人的姓名和住址。此外，实践中证据部分一般作为起诉状的附件附在起诉状后，而不是直接写进起诉状。

（6）副本的份数依据被告和第三人的人数确定，与被告和第三人人数之总数相同。❶

（7）所有材料均须 A4 纸张，并用黑色钢笔或签字笔书写，起诉状落款须起诉人亲笔签名，复印无效。

【范例】

民事起诉状 *

原告：王娟（系张小明之妻），女，汉族，1970 年 10 月 12 日出生，身份证号码：××××××××××××××××××，地址：南川省云塘县白云镇四合村 15 组，联系方式：138×××356

原告：张军（系张小明之父），男，汉族，1938 年 1 月 23 日出生，身份证号码：××××××××××××××××××，地址：南川省云塘县白云镇四合村 15 组。

原告：吴芳（系张小明之母），女，汉族，1944 年 9 月 20 日出生，身份证号码：××××××××××××××××××，地址：南川省云塘县白云镇四合村 15 组。

原告：张璐（系张小明之女），女，汉族，1992 年 3 月 12 日出生，地

---

❶ 陈学权. 模拟法庭实验教程（第 2 段）［M］. 北京：高等教育出版社，2012：206.

* 此案例为真实案例，为保护当事人隐私，人名、地名均为虚构。

址：南川省云塘县白云镇四合村 15 组。

原告：张婷（系张小明之女），女，汉族，1995 年 1 月 29 日出生，地址：南川省云塘县白云镇四合村 15 组。

原告：张伟（系张小明之子），男，汉族，2000 年 8 月 20 日出生，地址：南川省云塘县白云镇四合村 15 组。

被告：张建国，男，汉族，1983 年 6 月 24 日出生，住所地：中江省新阳市罗林村 1 组，联系方式：135××××623。

被告：新阳得利物流有限公司，住所地：中江省新阳市海川工业园区 6 幢，联系方式：135××××111。

法定代表人：张晋，公司总经理。

被告：东新平安顺物流有限公司黄江分公司，住所地：中江省东新市创新路 234 号，联系方式：138××××998。

法定代表人：张权，公司总经理。

被告：中华联合财产保险股份有限公司东新中心支公司，住所地：中江省东新市新春路 2 号，联系方式：066－56××456。

诉讼请求：

1. 请求法院判令四被告赔偿原告死亡赔偿金、被扶养人生活费、丧葬费、精神抚慰金、办理丧葬事宜误工费（详见赔偿清单），合计：357 941 元。精神抚慰金在交强险限额内优先支付。

2. 本案诉讼费由被告承担。

【事实及理由】

2017 年 9 月 23 日，张建国驾驶中 D6566 号牵引车牵引中 A8798 号挂车，行驶至南国市青石板区云台镇林中二支路三环物流市场大门路段，张建国将中 A8798 号挂车违规停放在南国市青石板区云台镇林中二支路三环物流市场大门路段右侧车道内。2017 年 9 月 15 日 20 时 30 分，张小明骑行无牌电动两轮车由林中路方向经林中二支路往三环物流市场方向行驶，至青石板区云台镇林中二支路路段时，撞上停放在路边中 A8798 号挂车左侧车身摔倒，造成张小明当场死亡的交通事故。后经南国市公安局青石板区分局交通巡逻警察支队对该起事故作出《道路交通事故认定书》，认定被告张建国负事故次要责任、张小明承担主要责任。

经查，张建国驾驶的中 D6566 号牵引车系新阳得利物流有限公司所有，中 A8798 号挂车系东新平安顺物流有限公司黄江分公司所有，中 D6566 号牵引车在被告中华联合财产保险股份有限公司东新分公司投保了交强险及商业三者险，事故发生在保险期间内。原告与被告多次协商未果，根据相关规定被告对原告的各项损失应当承担损害赔偿责任，为维护原告的合法权益诉至法院，恳请法院支持原告的诉讼请求。

此致

南国市青石板区人民法院

具状人：王娟、张军、吴芳、

张璐、张婷、张伟

2017 年 12 月 15 日

附：答辩状副本 4 份。

（二）口头方式

书写起诉状确有困难的，可以口头起诉，由人民法院记入笔录，并告知对方当事人。原告口头起诉的，人民法院应当将当事人的姓名、性别、工作单位、住所、联系方式等基本信息，诉讼请求，事实及理由等准确记入笔录，由原告核对无误后签名或者捺印。

（三）起诉时应当提交的其他材料

（1）实践中，原告起诉通常还需要向法院提交以下材料。

①原告居民身份证复印件或护照、港澳同胞回乡证复印件。

②原告为法人或个体工商户的，应提交营业执照副本复印件，其他组织应提交证明其有效成立的法律文件复印件。法人应提交年检证明，法人或其他组织的代表人或主要负责人应提交职务证明原件、身份证明复印件、事业、行政单位需提供单位代码等。

③双方发生民事法律关系的文书复印件或有关债权债务证明文书的复

印件（加盖原告公章）。

④其他证明诉讼请求的材料复印件（加盖原告公章）。

（2）如果属于下列人员或组织，以原告身份提起民事诉讼，还应提交下列材料。

①清算组（人）、信托监察人、遗产管理人、遗嘱执行人、失踪人财产代管人代权利主体起诉的，应提交具有上述身份的证明材料复印件。

②依据最高人民法院《关于适用〈婚姻法〉若干问题的解释（一）》第7条的规定，利害关系人起诉要求确认他人间婚姻关系无效的，应提交其与婚姻当事人为近亲属关系的证明材料复印件。

③诉讼代表人提起诉讼的，除提交全部原告身份证明材料复印件外，还应当提交其他共同原告推选其为诉讼代表人的证明材料。

（3）如果原告在起诉阶段委托了诉讼代理人参加诉讼的，诉讼代理人应当提交以下材料。

①被委托诉讼代理人为律师、基层法律服务工作者的需提交律师执业证、法律工作者证；律师函、法律工作者函；委托人签名盖章的特别授权的委托书。

②受委托人为当事人的近亲属的需提交户口簿、结婚证、当事人及其近亲属所在的户籍所在地的派出所出具的关系证明、委托人签名盖章的特别授权的委托书；受委托人为当事人工作人员的需提交单位出具的介绍信、委托人签名盖章的特别授权的委托书、法人身份证明、委托人签名盖章的特别授权的委托书。

③受委托人为当事人所在社区、单位以及有关社会团体推荐的公民需提交推荐函、委托人签名盖章的特别授权的委托书、身份证、学历证明、社会工作简历等。

三、起诉阶段律师的参与

（一）律师对案件的审查及处理

当事人到律师事务所委托律师代理民事诉讼时，律师应当先审查当事人委托事项的所处的状况，即了解对案件事实已经作出的处理并粗略评估案件的可接受性。

律师首先要了解的是该案是否已经进入诉讼，即该民事案件是否已经由人民法院受理。

如果经过审查发现该委托案件已经由人民法院受理，案件的原被告已经确定，此时律师只就案件的事实进行分析，判断诉讼中的利与弊，双方共同协商确定是否签订委托代理合同，由律师代理该民事诉讼。

如果当事人是准备向人民法院起诉却还未起诉而要求律师代理的，则律师应当就审查所了解的情况，结合《民事诉讼法》的有关规定，做出相应的处理意见：

第一，不属于人民法院受理案件范围的情况，可建议当事人通过其他途径解决。

第二，律师还要考虑，案件即使属于人民法院主管范围，当事人起诉，法院是否会受理，是否有法定不予受理或驳回起诉的情形。对于某些特殊情况，建议当事人暂缓起诉或不起诉。

第三，还应当审查委托人的诉讼请求是否违背法律、政策和社会公德，若有应拒绝接受委托。

第四，符合《民事诉讼法》第119条规定的民事诉讼起诉条件且无特殊情形的，可考虑接受委托，并告知当事人可能的风险，如诉讼风险，申请评估、鉴定的风险，申请法院调查收集证据的风险，无正当理由不按时出庭或中途退出法庭的风险，一方没有财产的诉讼风险或无足够财产提供执行等执行风险。

（二）律师接受委托，办理委托手续

委托手续包括以下内容：

（1）律师事务所与委托人签署《委托代理合同》一式两份，一份交委托人，另一份交承办律师附卷存档。

（2）委托人签署授权委托书，一式三份，一份交受理案件的法院，一份交承办律师附卷存档，一份交委托人。

（3）律师事务所与委托人签订委托代理合同及委托人签署授权委托书时，应当记明具体的委托事项和权限，委托权限应注明是一般授权还是特别授权。变更、放弃、承认诉讼请求和进行和解，提起反诉和上诉，转委托，签收法律文书，应当有委托人的特别授权。

在授权委托书签署后，如果当事人所赋代理权限变更或解除，当事人应当及时以书面方式告知人民法院，并由人民法院通知对方当事人。

（4）开具律师事务所函，呈送受理案件的法院。

四、诉前保全的申请

起诉阶段，原告及其律师可以视案情需要决定是否申请诉前财产保全。

诉前保全须具备三个条件：（1）具有采取保全的紧迫性。所谓紧迫性，是指客观上存在需要立即采取保全措施的紧急情况。（2）利害关系人提出保全的申请。（3）申请人必须提供担保。

五、起诉环节的实训内容

在熟练掌握起诉环节的流程后，原告组的同学在课后准备和完成起诉环节。具体包括以下工作。

（1）委托律师。原告应当同委托代理人签署委托代理合同、授权委托书，完成委托工作。

（2）讨论案情。原告和委托代理人讨论案情，分析案件法律关系。

（3）收集和准备证据及其起诉材料。原告和委托代理人根据案情准备起诉需要的证据。证据由原告组同学自行制作，制作的过程中注意证据的合法有效性，一旦证据交由法官组，由于制作过程中的疏忽而导致的证据无效均不可再行修改。此外，还要准备起诉需要的其他材料，如身份证明等。所有的准备工作可在原告组内自行分工，尽量保证每个人都有参与。

（4）书写起诉状并提交法官组。委托诉讼代理人书写起诉状，并和其他材料一起提交法官组，完成起诉环节的工作。此处注意法官组应当就收到的原告证据材料出具收据。

（5）根据案件情况自行决定是否提起诉前保全。

指导教师应当在下次上课时检查此项实训进度。

第二节　审查与受理

原告及其律师向法院提起诉讼后，法院应当审查该起诉是否符合法院受理的条件。符合受理条件的，应予受理，不符合受理条件的，裁定不予受理。本环节主要由法官组的同学完成。

一、审查

（一）审查起诉的形式要件

法院应当审查原告起诉的方式和提交的起诉材料是否符合法律规定，如起诉状的内容是否有欠缺，如有欠缺应当责令原告限期补正。

（二）审查起诉的实质要件

由于模拟中一般不涉及公益诉讼，故此处仅讲授法官对私益诉讼中起诉条件的审查。按照《民事诉讼法》第119条的规定，法官应当对以下内容进行审查。

（1）原告应是与本案有直接利害关系的公民、法人或者其他组织。

作为当事人，原告应该符合以下特征：

第一，以自己的名义进行诉讼。如果以他人的名义参加诉讼，则是诉讼代理人的身份，而不是当事人。

第二，与本案有直接利害关系，也就是说是为自己的民事权益而参加诉讼，法院保护的民事权益属于自己管理、支配。

第三，虽不是民事法律关系的主体，但符合法律规定的诉讼担当的情形。

（2）有明确的被告。

原告提供被告的姓名或者名称、住所等信息具体明确，足以使被告与他人相区别的，可以认定为有明确的被告。

起诉状列写被告信息不足以认定明确的被告的，人民法院可以告知原告补正。原告补正后仍不能确定明确的被告的，人民法院裁定不予受理。此要件要求原告应了解被告的基本情况。但是需明确的一点是，审查起诉阶段，法律要求有明确的被告，重点在"有"字，而不审查被告是否"正当"。

（3）有具体的诉讼请求和事实、理由。

有具体的诉讼请求，是指原告要求人民法院予以确认或保护的民事权益的内容和范围应当明确、具体，请求人民法院保护什么、支付什么、反对什么，应清楚、明白，不允许模模糊糊、模棱两可，否则，人民法院难以确定审判保护的对象和范围，因而难以提供审判保护的方法。

事实和理由是指原告必须向人民法院陈述的"案件事实"和"证据事实"以及支持该诉讼请求的理由。法律要求原告持有事实理由，就是要求原告说明民事法律关系发生、发展、变更、消灭的情况及所持的观点、理由，并提供有关证据。至于原告所持观点是否正确、理由是否充分、证据是否确凿，法院在审查起诉阶段不问。

在审查立案中，法院发现原告证明其诉讼请求的主要证据不具备的，应当及时通知其补充证据。收到诉状的时间，从当事人补交有关证据材料之日起开始计算。收到诉状和有关证据，应当进行登记，并向原告出具收据。收据中应当注明证据名称，原件或复制件，收到时间、份数和页数，由负责审查起诉的审判人员和原告签名或者盖章。

（4）属于人民法院受理民事诉讼的范围和受诉人民法院管辖。

若不属于法院主管的，可不予受理，并告知其向主管部门解决。若属于法院主管但管辖错误的，可建议原告向有管辖权的法院起诉。

二、受理

人民法院应当保障当事人依照法律规定享有的起诉权利。经审查，对符合《民事诉讼法》第 119 条规定的起诉条件的，必须受理。不符合受理条件的，不予受理。

（一）受理的程序

（1）经审查认为起诉符合受理条件的，法院应当在 7 日内立案，由负责审查起诉的审判人员编立案号，填写立案登记表。其中疑难复杂、新类型案件应报审判长核准以及庭长审批。重大疑难案件报院长审批或经审判委员会讨论决定。

不符合起诉条件的，应当在 7 日内作出裁定书，不予受理；原告对裁定不服的，可以提起上诉。

（2）计算案件受理费，向原告发出案件受理通知书，并书面通知原告预交案件受理费，通知后仍不预交或者申请减、缓、免未获批准而仍不预交的，裁定按撤诉处理。

（3）立案机构应当在两日内将案件移送有关审判庭审理，并办理移交手续，注明移交日期。经审查决定受理或立案登记的日期为立案日期。在实训中，因为不区分立案和审判机构，本环节可不进行。

（4）受理并立案后发现不符合起诉条件或者属于《民事诉讼法》第 124 条规定情形的，裁定驳回起诉。

案件受理程序如图 3-1 所示。

（二）特殊情况的处理

实践中有时会遇到一些特殊情况，法院无法根据《民事诉讼法》第 119 条确定是否受理，立法对其作出了特殊规定。

1. 不予受理的特殊情形

（1）依照行政诉讼法的规定，属于行政诉讼受案范围的，告知原告提起行政诉讼。

（2）依照法律规定，双方当事人达成书面仲裁协议申请仲裁、不得向人民法院起诉的，告知原告向仲裁机构申请仲裁。

（3）依照法律规定，应当由其他机关处理的争议，告知原告向有关机

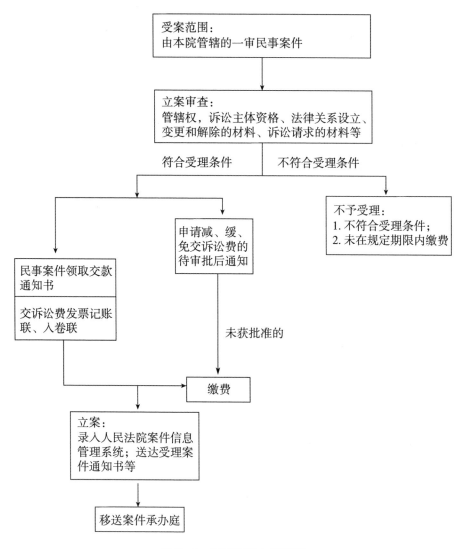

图 3-1 民事案件立案流程

关申请解决。

（4）对不属于本院管辖的案件，告知原告向有管辖权的人民法院起诉。

（5）对判决、裁定、调解书已经发生法律效力的案件，当事人又起诉的，告知原告申请再审，但人民法院准许撤诉的裁定除外。

（6）依照法律规定，在一定期限内不得起诉的案件，在不得起诉的期限内起诉的，不予受理。

（7）判决不准离婚和调解和好的离婚案件，判决、调解维持收养关系的案件，没有新情况、新理由，原告在6个月内又起诉的，不予受理。

2. 应予受理的特殊情形

（1）裁定不予受理、驳回起诉的案件，原告再次起诉，符合起诉条件且不属于《民事诉讼法》第124条规定情形的，人民法院应予受理。

（2）原告撤诉或者人民法院按撤诉处理后，原告以同一诉讼请求再次起诉的，人民法院应予受理。

（3）夫妻一方下落不明，另一方诉至人民法院，只要求离婚，不申请宣告下落不明人失踪或者死亡的案件，人民法院应当受理，对下落不明人公告送达诉讼文书。

（4）赡养费、抚养费、抚育费案件，裁判发生法律效力后，因新情况、新理由，一方当事人再行起诉要求增加或者减少费用的，人民法院应作为新案受理。

（5）当事人超过诉讼时效期间起诉的，人民法院应予受理。受理后对方当事人提出诉讼时效抗辩，人民法院经审理认为抗辩事由成立的，判决驳回原告的诉讼请求。

（6）裁判发生法律效力后，发生新的事实，当事人再次提起诉讼的，人民法院应当依法受理。

（三）受理环节的实训内容

在收到原告组的起诉材料并熟练掌握立案受理环节的流程后，法官组的同学在课后完成立案审查的工作，具体包括以下几点。

（1）审查起诉材料并决定是否受理，因为实训的目的，此处统一受理，但可以要求原告补充材料。

（2）送达缴费通知书，通知原告缴费，注意送达回证的签收。

（3）制作立案审批表等法院内部需要准备的文书。

指导教师应在下次上课时检查该项实训进度。

第三节　审理前的准备

审前准备程序，也称审理前的准备，是指人民法院受理案件后至开庭审理之前为开庭审理所进行的一系列诉讼活动。一方面，审前准备程序使当事人了解对方掌握的证据和对案件事实的看法，为参加庭审做好充分准备，充分发挥当事人在庭审中的作用；另一方面，人民法院通过审前准备程序，特别是争点整理和证据交换，对案件事实和争执的问题有了初步了解，更好地发挥庭审的功能，提高诉讼效率，保障诉讼公正和诉讼效益价值的实现。本环节法官组、原告组及被告组都需要进行大量的诉讼活动，为其后的开庭审理做准备。本节针对不同的主体，分别介绍其在开庭审理阶段应完成的诉讼活动。

一、法官在审前准备阶段的活动

（一）财产保全

新案子交给承办法官后，法官会交给书记员进行案件的前期工作。书记员拿到一个新案子后，一般应首先看看案卷中有无财产保全申请，若有，则需要先审查财产保全。

按照保全的财产的种类不同，具体操作的人员也不同：若需要保全的财产是银行存款，则由业务庭的法官或书记员直接去银行冻结或查封，若保全的财产是房产或车辆，则由送达保全科的法官负责查封（业务庭的书记员将裁定和协助执行通知书交给送达保全科的法官，由他们负责保全）。在此阶段，若想加快案件的进度，律师需要主动联系办案的书记员，并积极配合法院完成保全工作。

（二）在法定期间内送达诉讼文书

受诉法院在立案之日起 5 日内向被告发送起诉状副本，对于口头起诉，法院应当将记有口诉内容的笔录告知被告。同时，要求被告在收到起诉状副本后 15 日内提交答辩状及按照原告人数提交答辩状副本。被告提交答辩状的，法院应当在 5 日内将答辩状副本发送原告。被告不提交答辩状的，不影响法院的审理。

人民法院还应分别向当事人送达受理案件通知书和应诉通知书，目的是告知双方当事人案件已经正式立案受理，且告知当事人诉讼权利和义务。

另外，人民法院应当在送达案件受理通知书和应诉通知书的同时向当事人送达举证通知书。举证通知书应当载明举证责任的分配原则与要求、可以向人民法院申请调查取证的情形、人民法院根据案件情况指定的举证期限以及逾期提供证据的法律后果，以指导当事人进行举证。

法院每次送达法律文书的时候要注意让当事人在送达回证上签名或盖章。

（三）审查管辖权异议

法院受理案件后，当事人对管辖权有异议的，应当在提交答辩状期间提出。法院对当事人提出的异议，应当审查。异议成立的，裁定将案件移送有管辖权的人民法院；异议不成立的，裁定驳回。

当事人在提交答辩状期间提出管辖异议，又针对起诉状的内容进行答辩的，人民法院应当依照《民事诉讼法》第 127 条第 1 款的规定，对管辖异议进行审查。

当事人未提出管辖异议，就案件实体内容进行答辩、陈述或者反诉的，可以认定为《民事诉讼法》第 127 条第 2 款规定的应诉答辩。视为受诉人民法院有管辖权，但违反级别管辖和专属管辖规定的除外。

（四）告知当事人合议庭的组成人员

合议庭组成人员确定后，应当在 3 日内告知当事人，以便当事人及时行使申请回避的权利。

（五）审核诉讼材料，调查收集必要的证据

在此阶段，承办人员应认真审核当事人提交的起诉状、答辩状及其相关的证据等诉讼材料，并调查收集当事人及其诉讼代理人因客观原因不能自行收集的证据，或者法院认为审理需要的必要的证据。其目的在于初步了解和掌握双方当事人诉求和抗辩的基本情况，双方争议的焦点所在，以及双方主张的根据和证据等基本情况，并在此基础上厘清需要在庭审时进一步调查和需要双方当事人进行辩论的主要问题，了解案件所应当适用的相关法律和专业知识，为后续的环节特别是开庭审理的顺利进行做好相应的准备。

1. 人民法院认为审理案件需要的证据

（1）涉及可能损害国家利益、社会公共利益的；

（2）涉及身份关系的；

（3）涉及《民事诉讼法》第 55 条规定诉讼的；

（4）当事人有恶意串通损害他人合法权益可能的；

（5）涉及依职权追加当事人、中止诉讼、终结诉讼、回避等程序性事项的。

2. 法院调查收集证据的注意事项

（1）人民法院调查收集证据，应当由两人以上共同进行，并向被调查人出示证件。调查材料要由调查人、被调查人、记录人签名、捺印或者盖章。

（2）人民法院在必要时可以委托外地人民法院调查。委托调查，必须提出明确的项目和要求。受委托人民法院可以主动补充调查。

受委托人民法院收到委托书后，应当在 30 日内完成调查。因故不能完成的，应当在上述期限内函告委托人民法院。

（六）追加当事人

追加必须共同进行诉讼的当事人参加诉讼，是全面保护当事人的合法权益、彻底解决当事人之间争议的需要。其不仅包括追加共同原告、共同被告，也包括追加第三人，具体情形如下。

（1）必须共同进行诉讼的当事人没有参加诉讼的，人民法院应当通知其参加诉讼。

受诉法院依法追加必须共同进行诉讼的原告参加诉讼时，如果被追加的原告明确表示放弃实体权利的，可以记明情况，不再予以追加；如果被追加的原告既不愿意参加诉讼，又不愿意放弃实体权利的，仍应追加，并按照诉讼中的当事人予以对待，通知参加诉讼，告知诉讼权利和义务，告知合议庭组成人员以及通知开庭等；仍不参加诉讼的，法院可以依法审理并对其作出缺席判决。

人民法院依法追加必须共同进行诉讼的被告时，被追加的被告如果不愿参加诉讼的，不影响法院对案件的依法审判，且判决对该被告也同样具有应有的拘束力。如果被追加的是必须到庭的被告，法院还可依法定程序，强制其到庭参加诉讼。

（2）人民法院可以依当事人申请或依职权，追加与案件的处理结果有法律上利害关系的无独立请求权第三人参加诉讼。原告在起诉状中直接列写第三人的，视为其申请人民法院追加该第三人参加诉讼。是否通知第三人参加诉讼，由人民法院审查决定。

（七）程序分流

人民法院对受理的案件，分别情形，予以处理：

（1）当事人没有争议，符合督促程序规定条件的，可以转入督促程序。

（2）开庭前可以调解的，采取调解方式及时解决纠纷。

（3）根据案件情况，确定适用简易程序或者普通程序。

（八）召开庭前会议

依照《民事诉讼法》第133条第（4）项规定，人民法院可以在举证期限届满后，通过组织证据交换、召集庭前会议等方式，做好审理前的准备。

根据案件具体情况，庭前会议可以包括下列内容：

（1）明确原告的诉讼请求和被告的答辩意见。

（2）审查处理当事人增加、变更诉讼请求的申请和提出的反诉，以及第三人提出的与本案有关的诉讼请求。

（3）根据当事人的申请决定调查收集证据，委托鉴定，要求当事人提供证据，进行勘验，进行证据保全。

（4）组织交换证据。

（5）归纳争议焦点。

（6）进行调解。

（九）传唤当事人

人民法院适用普通程序审理案件，应当在开庭 3 日前用传票传唤当事人。

对诉讼代理人、证人、鉴定人、勘验人、翻译人员应当用通知书通知其到庭。当事人或者其他诉讼参与人在外地的，应当留有必要的在途时间。

（十）审前准备环节法官组的实训内容

本环节的实训内容较多，工作量较大，主要由法官组的同学在课后完成。主要包括：

（1）根据原告的申请及案件的情况决定是否进行财产保全。

（2）发送各类文书，注意送达回证的签收。

（3）决定案情适用的程序。实训中法官组可以根据案情决定适用简易或普通程序，也可考虑适用调解结案。指导教师应当对不同案例的小组适用的程序进行均衡化处理，尽量保证普通、简易和调解程序均能兼顾，让学生得到更多的程序体验。

（4）审核诉讼材料，调查收集必要的证据。收到原被告提交的诉讼材料后，法官组的同学应当审核材料，讨论案情，可以向当事人收集和了解必要的证据。

（5）根据案件的需要决定是否追加当事人。

（6）选择普通程序的小组应当召开庭前会议，并由书记员做好会议记录。该项工作应当在课堂上进行，以便旁观同学和指导教师提出意见。

（7）没有召开庭前会议的案件可以在课堂上组织调解，以便让大家感受、了解调解的过程和技巧。达成调解协议的也可以以调解结案。

以上需要课后完成的工作，指导教师应当在下次上课时进行检查并指出问题。问题严重的可打回到上一个环节重新进行。需要课堂完成的应当提前通知学生做好准备，课堂完成后由其他学生和教师进行点评。实训中所有的法律文书和材料应当由书记员按顺序整理好，以便将来制作卷宗。

二、原被告律师在审前准备阶段的主要活动

因实训活动中双方当事人均需聘请律师代理诉讼活动，故本部分仅介绍双方律师在审前准备阶段的活动。

（一）被告律师提交答辩状

被告收到法院送达的起诉状副本后，应在15日内提交答辩状。因此被告律师应针对起诉状的内容书写答辩状。

答辩状由首部、正文、尾部三部分组成。

首部包括：

（1）标题。居中写明"民事答辩状"。

（2）答辩人的基本情况。写明答辩人的姓名、性别、出生年月日、民族、职业、工作单位、住所和联系方式。如答辩人系无诉讼行为能力人，应在其项后写明其法定代理人的姓名、性别、出生年月日、民族、职业、工作单位、住所和联系方式，及其与答辩人的关系；答辩人是法人或其他组织的，应写明其名称、住所和法定代表人（或主要负责人）的姓名、职务和联系方式。如答辩人委托律师代理诉讼，应在其项后写明代理律师的姓名及代理律师所在的律师事务所名称。

（3）答辩缘由。写明答辩人因××一案进行答辩。

正文包括：

（1）答辩的理由。应针对原告的诉讼请求及其所依据的事实与理由进行反驳与辩解，全面否定或部分否定其所依据的事实和证据，从而否定其

理由和诉讼请求。也可以从程序方面进行答辩，例如，提出原告不是正当的原告，或原告起诉的案件不属于受诉法院管辖，或原告的起诉不符合法定的起诉条件，说明原告无权起诉或起诉不合法，从而否定案件。答辩理由要实事求是，有理有据。

（2）答辩请求。答辩请求是答辩人在阐明答辩理由的基础上针对原告的诉讼请求向人民法院提出应根据有关法律规定保护答辩人的合法权益的请求。一般包括：①要求人民法院驳回起诉，不予受理；②要求人民法院否定原告请求事项的全部或一部分；③提出新的主张和要求，如追加第三人；④提出反诉请求。如果民事答辩状中的请求事项为两项以上，在写请求事项时应逐项写明。

（3）证据。答辩中有关举证事项，应写明证据的名称、件数、来源或证据线索。有证人的，应写明证人的姓名、住址。

尾部包括：

（1）致送人民法院的名称。

（2）答辩人签名。答辩人是法人或其他组织的，应写明全称，加盖单位公章。

（3）答辩时间。

（4）附项主要应当写明答辩状副本份数和有关证据情况。

【范例】

民事答辩状

答辩人：中华联合财产保险股份有限公司东新中心支公司。住所地：中江省东新市新春路2号，统一社会信用代码：9142060078445605 6J。

负责人：金涛，该公司总经理。

诉讼委托代理人：周尧，中江开运律师事务所律师。

答辩人与被答辩人（原告）机动车交通事故责任纠纷一案，答辩人认为，原告要求答辩人赔偿其死亡赔偿金、被抚养人生活费、丧葬费、精神抚慰金、办事丧葬事宜误工费等合计 357 941.4 元，精神抚慰金在交强险责任限额内优先支付，无事实和法律依据。现根据原告诉状的内容及本案的事实提出如下答辩和请求：

一、本案答辩人承保车辆为中 D6566 号牵引车，并非肇事的中 A8798 号挂车。根据原告诉状自认和南川省公安局青石板分区交通巡逻警察支队作出的《道路交通事故认定书》认定事实，张小明骑行电动车撞上的是东新平安顺物流有限公司黄江分公司所有的中 A8798 号挂车，原告遭受的损失应当由中 A8798 号挂车所有人在次要责任范围内承担。

二、答辩人拒绝在交强险和商业险范围内承担责任有事实和法律依据。

1. 根据《机动车交通事故责任强制保险条例》第 8 条规定，被保险人在使用被保险机动车过程中发生交通事故，致使受害人遭受人身伤亡或财产损失，依法由被保险人承担损害赔偿责任的，保险人在交强险限额内承担责任。本案事故发生时，中 D6566 号牵引车车辆不在事故点，更不在使用过程中，答辩人据此不应承担责任。

2. 根据《机动车综合商业保险示范条款》第 29 条规定，主车和挂车连接使用时视为一体，发生保险事故时，由主车保险人和挂车保险人按照保险单上载明的机动车第三者责任保险责任限额的比例，在各自的责任限额内承担赔偿责任，但赔偿金额总和以主车的责任限额为限。本案事故发生时中 A8798 号挂车和中 D6566 号重型半挂牵引车并非连接状态，不能视为一体，也就不符合商业保险理赔范围。

3. 根据《挂车免投保交强险实务处理规程》规定，2013 年 3 月 1 日零时以后，挂车与牵引车非连接使用时发生交通事故，挂车未投保交强险或交强险已过保险期的，在挂车的商业第三者责任险责任限额内承担赔偿责任。本案，中 A8798 号挂车可以脱离牵引车独立投保但未投保，其侵权行为后果应当由该车实际车主承担。

三、投保人在商业保险保单投保人声明内容处加盖公章，说明答辩人已就免责条款、事项向投保人履行提醒注意和解释说明义务，保险合同的免责条款有效。

综上所述，本案不属于答辩人保险合同理赔情形，原告要求答辩人承担保险责任无事实和法律依据，答辩人整案拒赔，请求法院驳回原告对答辩人的诉求。

此致

南国市青石板区人民法院

答辩人：中华联合财产保险股份有限公司东新中心支公司

2018 年 2 月 28 日

附：答辩状副本 6 份

（二）原被告律师在审前准备阶段的调查取证

"没有调查就没有发言权"。律师在审前准备阶段最重要的工作就是调查取证，了解案件事实。

律师调查取证，了解案件事实的途径主要有以下几种。

1. 同委托人交谈，听取委托人对案情的陈述

律师接受委托后，应当要求委托人提供其所知道的一切案件事实，并提供证据或证据线索。委托人能够提供证据或证据线索而不提供的，在告知其不提供证据或证据线索将会产生的法律后果后，委托人仍不提供的，视为委托人隐瞒事实真相，律师可以拒绝代理，也可在向委托人讲明其后果后，以已有的证据、事实完成代理。对委托人陈述的案件事实，律师可以记录重点并制作谈话笔录，并请委托人确认无误后签字。

此外，要求委托人提供诉讼证据复印件、复制件，同时核对原件，并将原件及时交还委托人妥善保管；收取原件的，要制作证物清单，由委托人、律师签字附卷。

2. 到人民法院查阅案卷材料

律师可在开庭前到法院阅卷，并依据法院规定，复制有关案卷材料。首次接受被告委托的律师到人民法院查阅案卷材料，应重点查阅以下事项：

（1）原告的起诉是否符合《民事诉讼法》规定的受理条件，是否有法

律规定的不予受理的情形。

（2）原告起诉的证据是否充分、确凿，相互之间有无矛盾。

（3）诉讼请求是否超过诉讼时效期间。

此外还应注意以下事项：

（1）围绕诉讼请求、诉讼主张的证据事实，发现案件的焦点和双方争议的关键所在。

（2）审查双方证据的三性，即合法性、客观性和关联性。

（3）保持证据的完整性和真实性；尽量使用复印件，不轻易接触原件。

（4）注意保密；对不宜或当事人不愿透露的案件事实应进行保密。

（5）要及时与法官沟通，有新的证据材料时及时查阅。

3. 向有关单位调查、取证

诉讼中，律师经常要向以下一些单位调查取证：工商局、档案局、婚姻登记处、公安局、法院、房地局、银行，等等。去哪里需要什么手续，可能每个地方不一样，而且还经常有变化，因此，调查取证前应做好以下准备：

（1）弄明白去哪里调查。行政机关一般都在网上公布电话，可以先通过电话询问。办公地点和办公时间，需要准备的材料，最好都先打听清楚。

（2）查找相关的法律法规，看看有无法律规定的应办理的手续。

（3）根据询问和法规的要求准备好相关的材料及手续。通常律师还应当携带律师执业证以及律师事务所出具的介绍信。此外，法院的立案通知书、证明，当事人的授权委托书等也最好携带。

（4）在单位取证时，律师从国家机关抄录、复制与本案有关的材料，应尊重事实和忠实于原件，并经该国家机关确认。

4. 向证人调查和取证

律师向证人调查收集证据是律师获取证据的重要途径，收集中要注意以下事项：

（1）律师在向证人调查、收集证据时，应首先告知律师身份，出示律师执业证；告知证人应当如实反映与本案有关的情况，并向其讲明作伪证应负的法律责任。

（2）律师向证人调查、收集证据，可以由证人自己书写证言内容。证人不能自己书写的，可由他人代为书写，证人签名、盖章或按指纹确认。有关单位书写的证言材料，应由单位负责人签名或盖章，并加盖单位印章。

（3）律师在向证人调查、收集证据时，如需录音、录像，应取得证人的同意。

（4）律师调查、收集与本案有关的材料，可以制作调查笔录。

调查笔录应当载明调查人、被调查人、被调查人与本案当事人的关系、调查时间、调查地点、调查内容、调查笔录制作人等基本情况；还应当记明律师身份介绍，律师要求被调查人实事求是作证等内容，以及调查事项发生的时间、地点、人物、经过、结果。

（5）律师制作调查笔录，应全面、准确地记录谈话内容，并交由被调查人阅读或向其宣读。如有修改补充，应由被调查人在修改、补充处加盖印章或按指纹确认。经确认无误后，由调查人、被调查人、记录人签名、盖章或按指纹确认。

被调查人在律师调查笔录上，还应签署或由他人代书下述文字："以上笔录阅读过（或向我宣读过），与我本人的陈述一致。"

5. 向对方当事人调查和收集证据

律师经对方当事人同意，可以向其调查、收集证据，制作调查笔录。律师经对方当事人明确同意，在调查、收集证据时，还可以录音、录像。

6. 委托其他律师事务所调查和收集证据

案件确有需要，并经委托人同意，律师可以异地委托被调查对象所在地的律师事务所调查和收集证据。

委托调查、收集证据时，应制作律师事务所书面委托书，并简要说明案件的基本情况，提出调查的内容、目的、对象和要求。

律师事务所接受异地委托后，应立即指派律师开展调查、取证工作，并及时将调查的结果告知委托的律师事务所。

7. 申请人民法院调查和收集证据

律师因客观原因不能自行收集的证据，应当在举证期限届满前书面申请人民法院调查、收集。这里因客观原因不能自行收集的证据包括：

（1）证据由国家有关部门保存，当事人及其诉讼代理人无权查阅调取的。

（2）涉及国家秘密、商业秘密或者个人隐私的。

（3）当事人及其诉讼代理人因客观原因不能自行收集的其他证据。

人民法院要求律师协助调查收集证据的，律师应当参加。需要勘验物证或者现场的，律师应当依授权代理委托人向人民法院提出勘验申请。

8. 申请证据保全

在收集证据的过程中发现证据可能灭失或以后难以取得的情形，律师应在征得委托人同意后，代理其向公证机关或人民法院书面申请证据保全。

9. 审前准备中律师收集证据环节的实训内容

本环节的工作主要是律师收集各项证据，但由于实训中的证据均由原被告组自行制作，所以此项工作主要是要求学生理论掌握。但在制作证据的时候应当注意一些证据的合法性条件，比如证人证言和调查笔录的制作应符合前述要求。

（三）原被告律师的出庭准备

律师在审前准备环节通过各种途径收集了大量的证据之后，应当在开庭前认真地审查和阅读这些证据，并在此基础上分析案情，确定法律关系，形成自己的诉讼观点和意见，为即将到来的开庭做好全面准备。该阶段律师的主要工作包括以下内容。

1. 证据的审查和整理

律师对前期调查、收集的证据应从以下几个方面进行审查。

（1）证据的来源。

（2）证据的形成和制作。

（3）证据形成的时间、地点和周围环境。

（4）证据的种类。

（5）证据的内容和形式。

（6）证据要证明的事实及其与本案的关联性。

（7）证据间的关系。

（8）证据提供者的基本情况。

（9）证据提供者与本案或本案当事人的关系。

（10）证据的合法性和客观性。

（11）证据的证明力。

此外，律师对收集的证据应当进行编号，编制证据目录并说明要证明的事实。在编写证据目录时应注意以下事项。

（1）证据材料的名称要明确，内容过长的可以使用缩写但应明确。

（2）证据编号、排序要有条理，证明一个事实的证据应连续编号。证据证明的对象按照事实、程序、法律依据顺序编号。

（3）证明对象和内容，要在己方归纳案件争议焦点后所确定的举证范围内填写。

（4）证据一式两份，提交复印件，注明是否有原件，如有原件应在开庭时提交。

【范例】

证据目录

编号	证据材料名称	证据来源	证明对象及内容	页码	备注
1	原告身份证	天河市长安区公安局签发	主体适格	1	复印件（有原件）
2	编号为 34532 的《房地产买卖合同》	原告甲、被告乙、盛隆房地产中介有限公司三方于 2016 年 6 月 3 日签订	原被告之间签订的房屋买卖合同真实有效	2－10	复印件（有原件）

续表

编号	证据材料名称	证据来源	证明对象及内容	页码	备注
3	天房地证字07896号《房地产证》	天河市房管局颁发	合同标的位于天河市长安区安江路幸福小区9号楼的302室系被告所有	11－12	复印件（有原件）
4	收据	2016年7月1日被告乙向原告甲开具	原告已按合同约定支付了定金10万元	13	复印件（有原件）

提交人（单位）签字（盖章）：　　　　　　　　　　　　　接收人签字：

提交日期：

有证人证言的，律师还应编制证人名单，并说明拟证明的事实。需证人出庭作证的，在法律规定的时间内将证人名单递交人民法院。每一证人应附上相关材料，包括证人的姓名、年龄、性别、文化程度、职业、工作单位、联系方式、详细地址、证明事项、证明目的等。

2. 准备法庭调查提纲

律师可根据前期证据收集的情况，准备法庭调查提纲。

调查提纲包括陈述提纲、举证提纲、质证提纲和发问提纲。陈述提纲包括本案案情、陈述要点。举证提纲包括有关主体的举证、双方法律关系的举证、权利侵害行为的举证和损失事实的举证等。陈述中涉及的事实均应有相应的证据证实。质证提纲包括对其他当事人证据的质证意见，对其他当事人（或其代理人）对自己一方证据可能提出的质证意见和反驳意见。发问提纲包括对其他当事人进行发问的内容和对出庭作证的证人、鉴定人的提问内容。

3. 认真撰写代理词或代理词提纲

开庭前律师应当根据已掌握的证据对案件事实及法律适用形成更为深入和清晰的了解，并在此基础上撰写代理词。民事诉讼代理词应当包括三部分：首部、正文和尾部。

首部：

（1）注明文书名称。

（2）称呼语。即审理本案的审判长和审判员。

（3）前言。简要说明代理律师出庭代理诉讼的合法性、代理权范围、出庭前准备工作的概况。

正文：

这部分是代理词的核心内容。主要根据具体案情和法律规定，围绕案件争议焦点，阐明己方委托人的主张及其理由，驳斥对方当事人的主张及其理由。具体方法可以是据实论证，也可以是据法论证，或以情说理，或者各种方法的综合运用。

（1）说理部分。

（2）结论部分。这部分是代理词的小结。代理人对自己的发言进行归纳总结，提出结论性看法即对本案的处理意见，以供法庭采纳。

尾部：

（1）代理律师署名。

（2）代理词书写日期。

【范例】

代理词 *

尊敬的审判长：

中江开运律师事务所接受被告中华联合财产保险股份有限公司东新中心支公司（以下简称中华联合财保公司）委托，指派周尧律师作为其诉讼代理人，代理其与原告王娟、张军、吴芳、张璐、张婷、张伟，被告张建国、新阳得利物流有限公司、东新平安顺物流有限公司黄江分公司等的交通事故责任纠纷事宜一案。代理人通过详细调查了解案情后，发表以下代

---

    * 此案例为真实案例，为保护当事人隐私，人名、地名均为虚构。

理意见，望采纳。

一、本案中 A8798 号挂车和中 D6566 号牵引车可以相互独立，分别投保。

原告代理人认为半挂车没有动力装置，出现交通事故应当由牵引车的投保公司承担保险赔偿责任无任何法律依据。理由有三。

其一，半挂车虽然没有独立的动力装置，但是依然在车辆登记部门登记并领取牌照，表明其可以独立于牵引车，可以不借助牵引车独立识别车辆信息；

其二，庭审中，被告张建国陈述中 A8798 号挂车将同其他牵引车连接牵引，并非仅仅只连接中 D6566 号牵引车，两车已经分离数天；

其三，根据《挂车免投保交强险实务处理规程》规定，2013 年 3 月 1 日零时以后，挂车与牵引车非连接使用时发生交通事故，挂车未投保交强险或交强险已过保险止期的，在挂车的商业第三者责任险责任限额内承担赔偿责任。挂车在 2013 年之后虽然不再投保交强险，但是依然可以投保商业三责险。按照该规程，挂车发生交通事故的，应当由挂车投保公司在商业三责险限额范围内赔偿，而本案挂车没有投保商业三责险，因此原告损失应当由挂车的实际所有人承担责任。

二、本案不符合被告中华联合财保公司承保的交强险和商业三责险的理赔范围。

1. 根据《机动车交通事故责任强制保险条例》第 8 条规定，被保险人在使用被保险机动车过程中发生交通事故，致使受害人遭受人身伤亡或财产损失，依法由被保险人承担损害赔偿责任的，保险人交强险限额内承担责任。本案事故发生时，中 D6566 号牵引车车辆不在事故点，半挂车处于单独停放状态，答辩人据此不应承担责任。

2. 根据《机动车综合商业保险示范条款》第 29 条规定，主车和挂车连接使用时视为一体，发生保险事故时，由主车保险人和挂车保险人按比例在各自的责任限额内承担赔偿责任。该条约定处于连接状态，牵引车的保险由牵引车扩展至半挂车，是扩大了保险公司的责任。本案事故发生时，中 A8798 号挂车和中 D6566 号重型半挂牵引车并非连接状态，分处两地，不能视为一体，也就不符合商业保险理赔情形。

三、原告主张的赔偿费用计算标准错误，责任比例划分错误。

1. 本案计算张小明的死亡赔偿金应当适用农村标准，现有证据无法证明张小明的主要收入来源于城镇，且其户籍所在地位于农村，户口类型为农业劳动者。

2. 张军和吴芳的被赡养人的生活费计算标准应当适用农村标准，户口所在地在农村。

3. 精神损失费不应得到支持。张小明对本案发生负有主要责任，且本案不是被告主动侵权所致，应当驳回原告此项主张。

4. 张小明应当承担本案至少70%以上责任。本案挂车处于独立停止状态，不具有主动侵权性。事故发生系张小明自己驾驶二轮摩托车撞上半挂车导致的，张小明负有主要责任。

综上，被告中华联合财保公司认为，原告主张的损失计算有误，应当予以核减；本案也不属于保险合同理赔情形，原告要求获得保险理赔无事实和法律依据，故请求合议庭予以驳回。

以上代理意见，请合议庭予以考虑！

中华联合财产保险股份有限公司东新中心支公司

2018 年 6 月 11 日

4. 因故不能按期出庭的，可申请延期开庭

律师接到开庭通知书后应按时出庭，如因故不能出庭，应及时与法院联系，申请延期开庭。有下列情形之一的，律师可以要求法院推迟开庭时间。

（1）因不可抗力，律师无法出庭履行职务的。

（2）律师收到两份以上同时开庭的通知书，无法参加后接到通知书的开庭审理活动的。

（3）由于客观原因律师无法按时到达开庭地点的。

律师接到法院书面通知时距开庭时间不足 3 日的，有权提出异议，要

求法院更改开庭时间。

5. 律师出庭准备环节的实训内容

本环节的内容主要由原被告组在本节课后完成，具体内容包括：

（1）审查和整理前期准备的证据，并编制证据目录、证人名单。

（2）准备法庭调查提纲。

（3）撰写代理词。

以上工作指导教师应当在下次上课时进行检查。

第四节　开庭审理

开庭审理，是指法院于确定的期日，在双方当事人和其他诉讼参与人参加下，依照法定的形式和程序，在法庭上对民事案件进行审理和裁判的诉讼活动。[1]

开庭审理的主要任务是，通过法院合议庭主持和当事人直接参加下的法庭调查和法庭辩论，审查确定案件事实，分清是非责任，并在此基础上，合议庭依据民事诉讼法和民事实体法进行评议，从而做出裁判以确认当事人之间的权利义务关系，解决当事人之间的纠纷，保护当事人的合法权益，制裁民事违法行为。本环节所有角色扮演者均应参加。

开庭审理一般包括以下环节。

一、开庭准备

开庭准备，是在确定的开庭审理期日到来时，在对案件进行实质性的审理之前，为保证案件审理的顺利进行而由法院完成的更为日常性的准备性工作。

---

[1] 江伟，尚建国. 民事诉讼法［M］. 北京：中国人民大学出版社，2015：281.

（一）开庭准备环节合议庭的工作流程

开庭审理前，书记员应当完成以下工作。

（1）检查庭审设施是否完备，标志牌、桌椅是否齐全、摆放到位。

（2）检查当事人、诉讼代理人等是否到庭。

（3）宣布请当事人、委托代理人（法定代理人）入庭按席位就座。

（4）宣布法庭纪律。

（5）宣布全体起立，请审判长、审判员入庭。待审判长、审判员入席就座后，请全体坐下，然后向审判长报告当事人及诉讼代理人出庭情况。

接下来由审判长宣布开庭并核对当事人及诉讼代理人身份，具体流程如下。

（1）审判长敲法槌，宣布开庭："×××人民法院民事审判庭，依照《中华人民共和国民事诉讼法》第 120 条的规定，今天公开（不公开）审理原告×××诉被告×××（姓名）×××（案由）纠纷一案，现在开庭"（不公开审理的，应说明不公开审理的理由）。

（2）审判长宣布核对当事人及诉讼代理人身份。

①原告向法庭陈述自己的姓名、性别、出生年月、籍贯、职业、住所地，法定代表人还要陈述单位职务、单位住所地。

②原告方的委托代理人向法庭陈述自己的身份及代理权限。

③被告、第三人及委托代理人向法庭陈述自己的身份。

④审判长依次询问当事人：原告对对方出庭人员的身份有无异议？被告对对方出庭人员的身份有无异议？第三人对原告、被告出庭人员的身份有无异议？

⑤当事人均表示无异议后，审判长宣布："各方当事人及其诉讼代理人的身份符合法律规定，可以参加本案诉讼。"

⑥被告、第三人经传票传唤，无正当理由拒不到庭的，审判长应当宣布："被告×××、第三人×××经本院×××年×月××日送达开庭传票，无正当理由拒不到庭，依照《中华人民共和国民事诉讼法》的规定，本庭依法决定缺席判决。"

（3）审判长宣布合议庭组成人员及书记员名单："依照《中华人民共和国民事诉讼法》的规定本案依法组成合议庭审理，由审判员×××担任审判长，审判员×××、×××参加合议，书记员×××担任记录。"

（4）审判长告知当事人诉讼权利和义务：现在告知当事人在法庭上的诉讼权利和诉讼义务，当事人在法庭上享有以下诉讼权利。

①申请回避的权利。根据《民事诉讼法》第 45 条、第 46 条的规定，当事人如果认为合议庭的组成人员、书记员、鉴定人、勘验人、翻译人与本案有利害关系，或者与本案当事人有其他关系，可能影响本案公正审理的，有权申请回避，但申请回避应当说明具体的理由。

②提出新的证据的权利。根据《民事诉讼法》第 50 条、第 125 条的规定，当事人有权提供证据来证明自己陈述的事实和主张，经审判长许可，可以提供新的证据。

③经法庭许可，当事人可以向证人、鉴定人、勘验人发问，可以申请重新调查、勘验和鉴定。

④进行辩论和请求法庭给予调解的权利。根据《民事诉讼法》第 50 条、第 127 条的规定，当事人有权对对方的主张提出自己的看法，阐述自己的观点，论述自己的主张以及对如何认定案件事实和适用法律进行辩论。在案件审理直至宣判前，当事人可以根据自愿的原则，请求人民法院依法调解。

⑤原告有放弃、变更、增加诉讼请求的权利，被告有反诉、承认诉讼请求的权利；原告增加、变更诉讼请求、被告反诉，应在法庭辩论终结前提出。

⑥陈述最后意见的权利。根据《民事诉讼法》第 127 条的规定，法庭辩论结束后，当事人可以向法庭陈述对案件处理的最后意见。

当事人在法庭上必须自觉履行下列诉讼义务：依法正确行使诉讼权利；遵守法庭纪律和诉讼秩序；对自己提出的主张有责任提供证据；如实陈述案件事实，不能提供虚假证据，不得伪造证据。

（5）审判长依照原告、被告、第三人的顺序询问以下问题：是否听清当事人在法庭上的诉讼权利和诉讼义务？是否申请合议庭组成人员及书记员、鉴定人、勘验人、翻译人回避？当事人申请回避的，审判长应当要求其说明回避理由，然后宣布：由于本案当事人×××对合议庭成员×××或书记员（鉴定人、勘验人、翻译人）×××提出回避申请，现在休庭，待作出是否回避的决定后继续开庭。宣布完毕，敲击法槌。

（6）作出是否回避的决定后继续开庭，由审判长宣布结果。

①对审判人员提出回避申请的，审判长宣布：×××申请本案合议庭成员×××回避，经本院院长（或本院审判委员会）审查，不符合《中华人民共和国民事诉讼法》第45条的规定，对×××提出的回避申请不予准许；或者：×××申请合议庭成员×××回避，经本院院长或审委会审查，符合《中华人民共和国民事诉讼法》第45条的规定，对×××提出的回避申请予以准许，本案待重新组成合议庭后，另行择期开庭。

②若是对审判人员以外的其他人员提出回避的，则审判长宣布：×××申请本案书记员（鉴定人、勘验人、翻译人）×××回避，经审查，不符合《中华人民共和国民事诉讼法》第45条的规定，对×××提出的回避申请不予准许；或者：×××申请×××回避，经审查，符合《中华人民共和国民事诉讼法》第45条的规定，对×××提出的回避申请予以准许，本案更换书记员（或鉴定人、勘验人、翻译人），另行择期开庭。❶

（二）审判人员对庭审开始阶段出现的特殊情况的处理

（1）当事人在庭审开始后迟到入庭，审判人员准许其参加庭审的，处理应注意哪些方面？

①要求迟到方当事人就其迟到而影响庭审正常进行的行为，向法庭道歉，对于无正当理由迟到的，应予以批评，必要时可予以训诫。

②告知迟到方当事人有关法庭纪律。

③告知迟到方当事人诉讼权利和义务，询问回避事项。

④告知已进行的程序情况，视情归纳已进行的庭审内容或重新开始庭

---

❶ 陈学友. 模拟法庭实验教程（第2版）［M］. 北京：高等教育出版社，2012：227.

审调查。

（2）庭审前以诉讼须知方式告知过诉讼权利义务的，审判人员当庭是否还须按庭审程序告知？

告知的目的是让当事人知道哪些诉讼权利可以行使，哪些诉讼义务必须履行，因此，如果在庭前发送的诉讼须知等诉讼文件中已包含诉讼权利义务内容的，审判人员当庭可以不必重复告知，以节省时间，提高庭审效率。但是，审判人员仍应注意根据庭前告知方式的不同情况，视情况询问当事人下列事项，以确认当事人是否确已了解：

"你方是否已收到诉讼须知？"或"你方对本院送达的受理通知书（应诉通知书）中所告知的诉讼权利和义务是否已清楚？"或"你方是否已清楚诉讼权利和义务？"

若当事人答复未收到或仍不清楚诉讼权利义务时，审判人员仍需在庭审中完整告知。但无论是否当庭告知诉讼权利义务，仍应征询当事人是否申请回避。

（3）一方当事人只有一位委托代理人出庭，而该委托代理人出庭手续尚未提交的，是否允许其出庭？庭审能否进行？

委托代理人没有提交任何代理手续的，应当不具备代理资格。但是，这种情况的出现往往有一定原因，因此，遇到此类特殊情况还需要作例外处理。可先让该方当事人即刻传真一份委托书，以核对身份再予开庭，同时告知庭后限期补交原件。若当场无法传真的，审判人员可在考虑审限因素的同时，综合下列因素后，视情决定是否允许该代理人出庭：

①是否有利于案件审理。

②案件复杂、重大的程度。

③另一方当事人是否同意以及当事人的往返成本。

④有证人出庭的，是否可能产生代理人庭后手续不能补交而污染证人的情况。

⑤未能提交原因是否合理以及补交的可能性。

⑥该代理人的身份以及权限情况。

若决定该代理人出庭的，审判人员还应明确告知以下内容并记明笔录，然后，再进行庭审：

"原告（被告）委托代理人没有出庭手续，应在指定的××期限内予以补交，如能在期限内补交的，今天的陈述有效；如不能补交的，则今天出庭的代理人资格不予确认，案件按撤诉（或缺席）处理"。

（4）判断案件可否按缺席程序审理，应注意审查哪些内容？

根据《民事诉讼法》第143～144条规定，判断案件可否进行缺席审理，应注意审查以下内容：

①审查传票是否确已依法送达被告。

②审查被告不到庭是否有正当理由。

（5）当事人要求审判人员回避的理由不成立时，审判人员应如何告知？

审判人员应当告知以下内容："原告（被告）当庭申请审判人员回避，经审查，你方申请回避的事由无事实依据和正当理由，不符合《民事诉讼法》第45条、《最高人民法院关于审判人员严格执行回避制度的若干规定》所列情形。根据《民事诉讼法》第47条的规定，经本院院长决定，驳回你方的回避申请。若你方对决定不服，可申请复议，但复议期间，被申请回避的××审判人员不停止本案审理工作，请书记员记录在案。现在继续开庭。"

上述告知内容，在要求审判长回避的情形下，可由庭长、副庭长宣布；审判长由庭长或副庭长担任的，可由该庭其他庭长宣布。在要求审判长以外的合议庭其他成员回避的情形下，由审判长宣布。

（6）是否有必要当庭询问当事人对对方出庭人员身份的异议？

当庭征询当事人对对方当事人资格有无异议，有利于确保出庭人员的适格。若当事人对对方出庭人员资格提出异议，合议庭或独任审判人员应当及时进行审查。经审查，认定当事人一方所提异议不能成立的，则确认当事人出庭人员资格适格，庭审继续进行。若当事人一方所提异议成立的，审判人员则应当告知当事人对相关出庭人员进行变更，并可视情况宣布休庭，由当事人更换适格的出庭人员后，重新开庭。

（7）与当事人有关的旁听人员身份是否需记明笔录？

旁听人员无关案件审理的，没有记录的必要。但是，有时旁听人员中会有一些知情人员，如"会计""经办人"等，这些知情人员虽然坐在旁听席上，但有可能在后续程序的审理中被提出作为证人，若旁听人员的身份情况未在笔录中记录下来，后续程序的法官（如转为普通程序审理的法官、二审法官）会因不了解该证人已被污染而影响证人证言的认定。因此，对与当事人有关的旁听人员的身份应当注意记明笔录。

二、法庭调查

法庭调查，是开庭审理的重要环节，其在合议庭的组织和主持下，通过当事人的陈述、证人作证以及各种证据的出示、质证等，在法庭上对案件所涉及的事实予以查证，并为下一步的法庭辩论奠定基础。审判长宣布进入法庭调查阶段时，应当同时向当事人说明，法庭调查的重点，是当事人双方争议的事实，当事人对自己提出的主张有责任提出证据，反驳对方的主张，也应当提供相应的证据或说明理由。

（一）法庭调查的步骤

（1）审判长宣布：现在进行法庭调查。法庭调查是通过双方当事人及其诉讼代理人的陈述、举证、质证，查明案件事实，重点是调查当事人争议的事实以及本合议庭认为应当调查的事实。依照《中华人民共和国民事诉讼法》第64条的规定，当事人对自己的主张，有责任提供证据，反驳对方的主张也应当提供证据或说明理由。然后请当事人陈述。

（2）首先由原告方向法庭宣读起诉状，或口头陈述诉讼请求以及所依据的事实和理由。

（3）接下来由被告方宣读答辩状，或对原告的起诉做答辩，对原告诉讼请求提出异议或者反诉的，应讲明具体请求和理由。

（4）有独立请求权的第三人陈述诉讼请求和理由；无独立请求权的第三人针对原告、被告的陈述提出承认或者否认的答辩意见；原告、被告对第三人陈述进行答辩。

（5）审判长根据上诉当事人陈述，归纳本案焦点或者法庭调查重点，并征求当事人的意见。

（6）出示证据并质证。出示证据和质证的顺序是：原告先出示证据，被告、第三人对此进行质证；然后被告出示证据，原告、第三人对此进行质证；最后第三人出示证据，原告、被告对此进行质证。一方当事人出示证据的顺序是：证人证言；书证、物证和视听资料；鉴定意见；勘验笔录。

证人出庭作证的步骤是：①当事人申请证人×××出庭作证，审判长传证人×××出庭。②审判长查明证人身份，询问证人姓名、性别、出生年月日、工作单位、职务、住所地、与当事人的关系。③审判长向证人宣布权利和义务：根据我国《民事诉讼法》第70条、第102条的规定，凡是知道案件情况的单位和个人，都有义务出庭作证；证人要如实向法庭陈述案件事实，不得做虚假陈述，否则要承担相应的法律责任；证人依法作证的权利受法律保护，法律禁止任何人对证人作证进行打击报复。④证人向法庭保证如实作证，然后向法庭陈述自己知道的案件情况。⑤经审判长许可，当事人分别向证人发问。⑥合议庭成员向证人询问。⑦证人退庭并在笔录上签字。⑧证人退庭后，当事人对证人证言发表质证意见。

鉴定人（勘验人、翻译人）出庭作证步骤：①审判长传鉴定人（勘验人、翻译人）出庭。②审判长查明鉴定人（勘验人、翻译人）身份，询问其姓名、性别、出生年月日、工作单位、职务、住所地、与当事人的关系。③法庭宣读委托鉴定（勘验、翻译）书。④鉴定人（勘验人、翻译人）宣读鉴定意见（勘验笔录、翻译文书），并作说明。⑤经审判长许可，当事人分别向鉴定人（勘验人、翻译人）发问。⑥合议庭成员向鉴定人（勘验人、翻译人）询问。⑦鉴定人（勘验人、翻译人）退庭并在笔录上签字。⑧鉴定人（勘验人、翻译人）退庭后，当事人对证人证言发表质证意见。

当事人举证完毕，审判人员可以宣读或出示合议庭调查收集的证据，然后由原被告和第三人对法庭出示的证据分别发表质证意见。最后，审判长询问双方当事人有无新的证据出示，是否需要向对方当事人发问以及征询合议庭成员有无需要向当事人发问。❶

当事人要求补充证据或者申请重新鉴定、勘验，人民法院认为确有必要的可以准许。补充的证据或者重新进行鉴定、勘验的结论，必须再次开庭质证。

经过庭审质证的证据，能够当即认定的，应当当即认定；当即不能认定的，可以休庭合议后予以认定。合议之后认为需要继续取证或者进行鉴定、勘验的，可以在下次开庭质证后认定。当事人在证据交换中认可并记录在卷的证据，经审判人员在庭审中说明后，可以作为认定案件事实的依据。

法庭决定再次开庭的，审判长对本次开庭情况应当进行小结，指出庭审已经确认的证据，并指明下次开庭调查的重点。第二次开庭时，只就未经调查的事项进行调查和审理，对已经调查、质证并已认定的证据不再重复审理。

（7）法庭调查结束前，审判长应当就法庭调查认定的事实和当事人争议的问题进行归纳总结，并询问当事人的意见。然后，审判长宣布：法庭调查结束，进入法庭辩论阶段。

（二）法庭调查中法官对特殊情况的处理

（1）诉讼请求不明确具体时，审判人员应如何处理？

当原告诉请不明确时，审判人员应注意下列事项：

①对诉请的审查应在原告陈述诉请完毕后及时进行，有利于被告作出全面有针对性的答辩；

②在要求原告明确诉讼请求前，可先引导被告发表意见；

③对于诉讼能力较差的当事人，审判人员应注意进行诉讼指导。

（2）当被告对原告诉称作无针对性的笼统答辩，争议焦点不明晰时，审判人员如何引导当事人答辩？

---

❶　陈学权．模拟法庭实验教程（第2版）［M］．北京：高等教育出版社，2012：230.

当被告对原告诉称作无针对性的笼统答辩时，尤其是对于诉讼能力较低的被告，应当注意加以引导。可采取要求被告具体回答"对原告诉称的事实哪些有异议，哪些无异议"的方式或其他直接提问方式，并可视情况引导两轮诉辩意见，以归纳整理出明确的争议焦点。

对事实较复杂的案件，提倡审判人员可先归纳原告的诉称要点，再就各要点逐项询问被告意见，有利于被告作出完整的答辩。

（3）被告对原告诉称无异议的情况下，举证质证是否可以省略？

①对于法律关系明晰，事实简单，争议标的较小，无涉及第三方利益可能的，审判长应归纳一下无争议的内容，并宣布不再进行举证质证，书记员记录在案。

②对于法律关系复杂，争议标的又大，且可能涉及第三方利益的，如确权之诉、代位权纠纷等，当庭仍需审查证据。

（4）一方当事人出庭人员对另一方当事人的陈述既不承认也不否认时，当庭如何处理？

具体处理时，审判人员应在审查判断一方当事人的陈述或提问与本案的关联性后，区分如下情况处理：

若与本案无关联的，可不予理会；

若与本案有关联的，应按以下步骤引导另一方当事人作出回应。

①询问该方当事人出庭人员不能明确回答的原因。

②若无正当原因，应明确要求该出庭人员作出回答，同时视情释明《证据规定》第8条第2款规定的法律后果。

③若该出庭人员经审判人员要求后仍不作明确陈述的，书记员应当在记明释明内容的同时，将该出庭人员的模糊语言或表情（如沉默）记录在案。审判人员也可视情依职权调查该节事实。

④若出庭人员确实由于客观原因不知情的，审判人员可以要求该方当事人限期作出书面答复，并视情决定庭后另行组织当事人质证或者书面质证。

上述释明内容，书记员均应注意记录在案。

（5）当事人本人与代理律师共同出庭，当法庭向当事人本人调查事实时，当事人本人有与代理律师商量后再回答举动或代理律师有指点行为的，是否允许？

当法庭调查需当事人本人陈述的，除非该当事人本人先向审判人员说明，有需要与律师交换意见的合理原因并经审判人员准许，否则，不应允许当事人本人询问律师，也不应允许律师作指点性的提示行为。

（6）庭审中，一方当事人逾期举证，另一方当事人拒绝质证的，法庭即对之不再审理的做法是否正确？

逾期举证可能有以下几种原因：

第一种，证据在举证时限届满后才产生或形成。

第二种，证据在举证时限届满前已经产生或形成，但当事人因为客观原因不知道该证据的存在。

第三种，证据因为客观原因并不为当事人占有或控制，也无法取得。如控制证据的人外出、证据被实施侵权行为的第三人占有等。

第四种，证据在到期前已为当事人占有或控制，但举证必要性尚未形成。如被告在举证时限届满后提出新的主张，则形成了举证必要性。

第五种，证据已为当事人占有或控制，举证必要性已经产生，但当事人因为诉讼能力较差而不知道举证之必要性。

第六种，当事人确无任何合理因素和上述原因而延误举证期限的。

具体处理可按如下步骤进行：

①在对方当事人提出异议后，审判人员应先询问提交新证据的一方当事人逾期提交的具体原因。

②若逾期提交证据有合理的理由，审判人员应要求提供相应的依据，如：出国延误的，应提供护照等在国外期间的相应证据。

③询问对方当事人对该证据是否构成新证据的抗辩意见，若对方当事人放弃抗辩或予以认可，审判人员可让其直接发表质证意见。

④若当庭或短暂休庭后能够作出认定的，即应在当庭或恢复庭审后宣布是否构成新证据的认定结果。构成的，要求当事人围绕证据"三性"发

表质证意见。

若不能当庭作出认定的,审判人员可告知当事人"评议结果××天后通知当事人,认定为新证据后,再发表质证意见"。

⑤上述各步骤均应记明笔录。

(7)缺席审理的案件应注意审查哪些内容?

审判人员为尽可能地查明事实,除听取原告陈述外,还应当注意依职权审查下列内容:

①询问纠纷的起因,防止当事人存在串通制造假案的可能;

②追问原告所陈述事实中的疑点;

③审查原告提供证据的来源、是否有原件,与本案是否有关联;

④审判人员认为应当审查的其他内容。

(8)当事人申请出庭的证人如果与其有利害关系,能否传唤该证人出庭?

对于利害关系证人出庭作证,审判人员应注意以下几个方面:

①在证人等候作证期间,应注意让证人在庭外单独等候,确保不让证人旁听庭审、了解庭审情况或与其他证人联系,等等。

②在当事人质证能力出现明显缺陷时,审判人员应当行使补充发问权。

③当庭质证时,应当主要靠双方律师和当事人,审判人员应当尽量引导双方当事人和律师进行质证。

④利害关系证人证言能否采纳,必须根据质证情况及与其他证据相印证的情况来认定,不能任意采纳。

利害关系证人证言的采信:该证言并不必然比其他证人证言证明力低,通过对利害关系证人当庭质证,或者将其证言与其他证据相互印证,可以判断证人证言的真伪。

(9)证人回答事实问题时,陈述意见涉及对案件的看法或意见时,如何处理?

①及时制止证人的陈述。

②严肃指出陈述中的不当证词。

③重申证人作证义务："证人，根据法律规定，你不得对案件处理发表意见，你刚才的评论性意见将不作为作证内容采用。请你在以下的作证中遵守作证规则。"

④要求证人继续就亲身感知的事实做客观陈述。

（10）在庭审发问阶段，当事人发问与本案无关时，审判人员的处理方式应注意什么？

在未听取对方当事人意见之前，审判人员不宜直接干预。具体方法可参照如下意见：

①在一方当事人提问后，审判人员宜先听取另一方当事人的回答。

②若另一方当事人提出"无关联"意见的，审判人员可以询问提问一方当事人："你方提出的这个问题与本案有什么关系？"

③在提问方当事人作出回答后，审判人员应判断该提问与案件有无关联。确无关联的，应明确告知提问一方当事人："这个问题与本案审理的事实没有关联，请你方围绕本案事实提问。"有关联的，应明确要求对方当事人予以回答："这个问题与本案有关联，请你方予以回答。"

④若对方当事人在审判人员明确有关联性后，仍然以无关联为由拒绝回答，审判人员可在双方当事人发问程序后，依职权询问。

⑤若一方当事人所提问题确与案件无关联，另一方当事人又没有提出关联性异议的，审判人员可视情告知提问一方当事人："请注意所提问题与案件事实的关联性。"

⑥在一方当事人提问后，另一方当事人提出"无关联"意见，审判人员无法当场判断该提问是否与案情有关联的，可告知另一方当事人："这个问题可能与本案有关联，为有利于案件事实的查明，请你方予以回答。"

（11）一方当事人所提交的证据是复印件，对方当事人以无原件为由不予质证，应当如何处理？

具体操作中，审判人员可参照以下方法处理：

①审判人员应询问提供证据一方当事人是否能够提供原件，若不能提

供的，应要求其说明理由，然后告知对方当事人。

②若提供证据一方当事人称能够提供原件，只是无法当庭提供的，审判人员可询问原因以及提供的时间，并告知另一方当事人可先就复印件发表质证意见，也可确定在对方提供原件后另行组织质证。

③对于当事人自己应当知道的工商登记资料、户籍资料等复印件，却以无原件为由，故意不质证的，审判人员可当庭依职权主动调查询问相关内容。若当事人仍不愿质证的，可告知其不予质证的法律后果。告知内容应记录在案。

（12）当原告对被告当庭所提反诉表示受理异议，而受理与否当庭又难以认定时，法院可否先作实体审理？

根据民诉法规定，反诉如同本诉也须经受理与否的程序审查，故受理是实体审理的前提，在反诉受理异议程序未处理前不能先进行实体审理，否则极易引起当事人不满，甚至认为法院强行审理，有意偏袒对方当事人。因此，审判人员应就反诉受理异议做出决定后，再进入实体审理。

对于反诉部分当庭难以决定的，应告知当事人在反诉受理异议处理后，再就反诉部分决定是否继续审理。决定受理的反诉，应另行安排庭审，但本诉部分可继续审理。

（13）对答辩内容实属反诉的，当庭应如何处理？

审判人员当庭应注意以下方面：

①就反诉性质的答辩内容，注意引导并听取原告对受理与否的意见。

②告知被告哪些答辩内容属反诉性质，应提起反诉或另行起诉。

③询问被告是否提起反诉。

④被告若表示愿意反诉的，应告知其提供反诉状及其副本、缴纳反诉费等诉讼事项。若被告不作明确表示的，应问清原因，合理的，可给予一定的答复时间，同时告知上述反诉的诉讼事项；无合理原因的，可告知不反诉则不予审理的后果。

⑤上述内容均应记录在案。

（14）只有委托代理人出庭，而委托代理人对法庭提问因不了解事实而无法回答时，该如何处理？

在一方当事人出庭人员只有委托代理人时，有时代理人会由于客观原因而无法回答法庭提问，审判人员遇此情形可作如下处理：

①询问不能回答的原因。

②对于确属不知情等客观原因而不能回答的，应要求代理人庭后了解，并给予一定的合理期限作出书面答复或到庭答复；或者可以视情宣布暂时休庭，让代理人向当事人了解后再作回答。

③告知代理人逾期不答复的后果。

④上述审查过程均应记明笔录。

（15）审判人员依职权调查询问程序应在哪个阶段进行？审判人员应注意哪些问题？

①审判人员宜在当事人互相发问程序后，对仍不明确的案件事实，在引导双方当事人充分陈述后，再依职权进行补充询问。

②对庭审各阶段涉及的重要事实，当事人回避或回答模糊的，审判人员可以及时追问，以彻底查明事实。

③依职权调查询问时，应采取交叉询问的方式，即审判人员每调查一个问题，均应听取双方的意见。

（16）当事人当庭无法发表质证意见时，审判人员应如何处理？

当事人无法当庭发表质证意见可能有多种原因，审判人员可以参考下列方法处理。

①应询问当事人不予质证的原因。若不属于合理原因的，告知其不予质证的法律后果；若有合理原因的，可同意其暂不发表质证意见，告知其在庭后一定时间内到法院质证或提交书面质证意见。

②需验看原件的，首先应询问提供证据一方能否提供原件，若不能提供原件的，可要求另一方当事人仅就复印件本身发表质证意见；若当事人能提供原件，只是未携带的，审判人员应告知质证一方可先就复印件发表意见并责令提供证据一方在一定期限内提交原件，交对方核对，也可根据当事人要求在提供原件后另行安排质证。

③代理人需向当事人本人或相关人员核对后才能发表质证意见的，若代理人能与其当事人及时取得联系或有知情人员在场的，可宣布暂时休庭，待当事人的代理人向有关人员了解情况后再继续质证。

（17）庭审中涉及具体数额核对的，能否宣布庭后进行？

数额核对属于事实审查范围，一般应当当庭进行。但是，有的案件数额计算复杂或笔数繁多，且需要逐一核对账册、票据等凭证时，当庭核对极为不便，影响记录和庭审效率，此时，为了有效审理，审判人员可以采取休庭核对，或者庭后核对的方式进行。但应注意当庭告知和征询当事人意见，并且记明笔录。

（18）庭前证据交换如何与庭审相衔接？

①庭审调查开始时，审判人员可归纳庭前证据交换情况和双方无异议的事实，引导当事人按照争议问题进行举证、质证。

②明确告知当事人在证据交换时所发表的意见可作为正式质证意见，并当庭予以确认，告知内容注意记录在案。

③对庭前交换时已质证的证据，询问当事人有无补充意见。

（19）在普通程序庭审中，审判长在与合议庭成员之间的协调方面应注意哪些环节？

普通程序的庭审调查目前有两种做法：一是由审判长主持进行；二是由主审审判人员主持进行。这两种做法因案而行，但均需避免合议庭成员的陪衬情形。审判长应注意协调好与合议庭成员之间的互补关系，使合议庭的整体作用能在法庭上充分展示出来。建议合议庭至少在以下环节，需注意征询每一位成员意见。

①审判长或主审审判人员归纳审理焦点前，应征询其他成员意见。

②对能当庭认证的证据，认证前应互相征询意见。

③事实调查结束前，审判长应征询其他成员意见，在确定已无需要提问调查的事实后，再宣布庭审调查结束。

（20）审判人员在哪些情况下应注意主动归纳？

为了准确把握庭审方向，提高庭审效率，审判人员应至少在下列情况下需特别注意做好归纳工作。

①事实调查前，归纳当事人诉辩意见和争议焦点。

②法庭辩论前，归纳辩论焦点。

③当事人因语言表达等诉讼能力较差而致陈述内容混乱不清的，归纳陈述要点。

④证据繁多的，引导归纳好证据分类、证明对象和质证意见等。

⑤有庭前证据交换的，归纳证据交换情况。

⑥非首次开庭的，归纳前次庭审情况，确定本次庭审重点。

⑦其他需要归纳的情形。

（三）法庭调查中律师的主要工作

（1）法庭调查开始后，律师应当完成下列工作。

代理原告的，可代为口头陈述事实或者宣读起诉状，讲明具体诉讼请求和理由。

代理被告的，可代其陈述事实进行反驳或者宣读答辩状，提起反诉的，讲明具体请求和理由。

代理第三人的，可代其陈述或者答辩，针对原告、被告的陈述提出承认或者否认的答辩意见，或提出独立的诉讼主张。

（2）审判长归纳争议焦点或法庭调查重点后，律师有权提出修改和补充意见。

（3）在法庭调查过程中，律师应认真记录，做好向其他当事人、证人、鉴定人发问的准备，完善庭前准备的各项调查提纲。

（4）出示宣读证据。律师应向法庭陈述证据的名称、证据的来源和证据的基本内容，并说明提供该证据的目的及要证明什么问题。提交证据时，书证尽量提交原件，物证尽量提交原物，原物确实无法提供的，要说明原物存放的地点；有视听资料的，应当提供有关资料的原始载体，提供原始载体确有困难的，可以提供复制件。

（5）律师对对方出示的证据进行质证。质证时，当事人应当围绕证据的真实性、关联性、合法性，针对证据证明力有无以及证明力大小，进行质疑、说明与辩驳。诉讼中几类常见的证据可以考虑从以下角度进行质证。

对物证，律师可以但不限于从以下方面质证：

①物证的真伪；

②物证与本案的联系；

③物证与其他证据的联系；

④取得该物证的程序是否合法。

对书证，律师可以但不限于从以下方面质证：

①书证是否为原件；

②书证的真伪；

③书证的合法性；

④书证所要证明的事实；

⑤书证与其他证据的矛盾；

⑥书证的来源。

对证人证言，律师可以但不限于从以下方面质证：

①证人与双方当事人的关系，特别是与对方当事人有无关系，与本案有无利害关系；

②证人证言的来源及合法性；

③证人证言的内容及要证明的事实；

④证人年龄、智力状况、行为能力等自然情况；

⑤证人的证言前后是否矛盾；

⑥证人证言与其他证据的矛盾。

律师应结合有关背景材料进行综合分析，发表该证人证言能否采信的看法，并阐明具体理由。

如证人无正当理由不出庭接受质证，律师可建议法庭对该证人证言不予采信。

对视听资料，律师可以但不限于从以下方面质证：

①取得和形成的时间、地点和周围的环境；

②有无剪补；

③收集的过程及其合法性；

④所要证明的事实与案件的联系。

对鉴定人和鉴定意见，律师可以但不限于从以下方面质证：

①鉴定人的资格；

②鉴定人与双方当事人的关系；

③鉴定的依据和材料；

④鉴定的设备和方法；

⑤鉴定意见是否具有科学性。

律师应对该鉴定意见发表看法，认为鉴定意见不能成立或者不完整的，可以申请重新鉴定或者补充鉴定。

对电子数据，律师可以但不限于从以下方面质证：

①电子数据是否随原始介质进行移送；

②收集程序、方式是否符合相关法律及技术规范的要求；

③电子数据是否真实、完整；

④电子数据与待证事实有无关联；

⑤电子数据是否已全面收集。

（6）律师可以在法庭调查环节向相关人员提问。

经审判长许可，律师可以向证人、鉴定人及其他当事人发问。律师应就与本案有关的问题发问，发问受到审判长制止时，律师应尊重法庭的决定，改变问题或者发问方式，或表明发问的主要性和关联性。

针对其他当事人、诉讼代理人威逼性、诱导性发问、带前提的发问和与本案无关的发问，律师有权提出反对意见。反对意见被法庭驳回后，可提请法庭将律师的反对意见记录在案。

（7）在法庭调查过程中，律师有权申请重新鉴定、勘验，要求补充证据，必要时可以申请延期审理。

（8）每一案件事实的全部证据出示完毕后，代理律师可以发表综合性意见。对于有矛盾的证据、程序违法的证据及其他不具备证据证明力的证据，可建议法庭不予采信。

三、法庭辩论

法庭辩论，是在合议庭主持下，各方当事人根据法庭调查的情况，围绕双方争议的焦点问题而展开言辞辩论，就有关证据和案件事实的认定以及法律适用而阐述和论证己方的观点，反驳对方的观点。其目的在于通过辩论而进一步核实有关证据，确定证据的证明力，从而确定案件事实，分清是非责任，并为合议庭评议和裁判案件奠定基础。

（一）法庭辩论的顺序

根据《民事诉讼法》第 127 条的规定，法庭辩论按照下列顺序进行。

（1）首先审判长宣布：下面进行法庭辩论。法庭辩论的目的是在法庭调查的基础上，通过当事人发表辩论意见，提出法律依据，分清是非责任。双方当事人的辩论应当围绕本案以下争议焦点……在辩论中，应实事求是，举出法律依据，讲明道理，不得进行人身攻击。

（2）原告及其诉讼代理人发言。原告和诉讼代理人都出庭的情况下，一般先原告发言，然后由诉讼代理人发言。发言主要是论证自己的观点和主张，驳斥被告在法庭调查中提出的事实和理由，而不是简单重复自己在法庭调查阶段的陈述。

（3）被告及其诉讼代理人发言。被告及其代理人的发言主要是针对原告及其诉讼代理人的发言发表意见和辩解，以证明原告的诉讼请求不合法，不应得到法庭支持。

（4）第三人及其诉讼代理人发言和辩论。有独立请求权的第三人的发言和辩论是对原告和被告所主张的事实、理由和请求进行辩驳，从而证明自己的合法权益应受法律保护。无独立请求权第三人是诉讼参加人，其任务主要是补充辩论。但是当其涉及参加之诉中权利的享有和义务的承担时，他与其依附的一方当事人又是对立的，此时，无独立请求权第三人可能针对与之有法律关系的当事人提出的事实、理由进行回答和辩驳。

（5）互相辩论。在第一轮辩论完毕后，审判长根据案件情况可以引导双方进行新一轮辩论，新一轮辩论的次序与第一轮辩论相同。

（6）审判长宣布法庭辩论终结，并按照原告、被告、第三人的先后顺序征询各方最后意见。

（二）法庭辩论中的注意事项

（1）法庭审理应当围绕当事人争议的事实、证据和法律适用等焦点问题进行。当事人及其诉讼代理人的发言与本案无关或者重复未被法庭认定的事实，审判人员应当予以制止。

（2）法庭辩论中，审判人员不得对案件性质、是非责任等发表意见，不得与当事人辩论。

（3）一轮辩论结束后当事人要求继续辩论的，可以进行下一轮辩论。下一轮辩论不得重复以前辩论的内容。

（4）人民法院根据案件具体情况并征得当事人同意，可以将法庭调查和法庭辩论合并进行。

（5）一方当事人在法庭辩论中又提出新的事实主张或新的证据，审判人员遇此情形，不宜以进入辩论阶段为由而简单驳回，应根据具体情况具体对待。首先，应宣布法庭辩论暂时中止；其次，审查当事人提出的事实主张与案件的关联性，如与本案相关，宣布恢复法庭调查；若对于当事人没有提出新事实主张，只提出新证据的，应当先审查逾期提交新证据的原因，并询问对方当事人对新证据的意见。若当事人聘请律师，有一定诉讼能力，对方当事人也没有提出新的抗辩意见的，逾期提交证据的审查可严格掌握。

（三）律师在法庭辩论中的职责

（1）律师的辩论发言，应紧紧围绕争议焦点或者法庭调查的重点进行。从事实、证据、法律等不同方面进行分析，阐明观点，陈述理由。

（2）律师发表代理意见应当重事实，讲道理。应有良好的文化修养和风度，尊重对方的人格。不得讽刺、挖苦、谩骂、嘲笑对方，不得攻击合议庭成员。

（3）在法庭辩论过程中，律师发现案件某些事实未查清的，可以申请恢复法庭调查。

（4）在庭审过程中，发现审判程序违法，律师应当指出，并要求立即纠正，以维护当事人和代理人的诉讼权利。

（四）法庭调解

经过法庭调查和法庭辩论，如果事实清楚的，审判长可以主持当事人双方进行调解。

1. 调解的步骤

（1）审判长依次询问原告、被告及第三人是否愿意调解。

（2）如果均表示同意调解，审判长依次询问原告、被告及第三人具体调解意见。必要时，合议庭可以根据双方当事人的请求提出调解方案，供当事人参考。

（3）若当事人意见不一致，合议庭可以当庭向当事人双方晓明法律规定和利害关系，帮助当事人分清责任，促成调解。

（4）若双方当事人分歧严重，难以达成一致的，应当停止调解，进行宣判。

（5）若双方当事人经过调解，达成一致的，应当制作调解协议，并签字盖章。法院根据双方当事人达成的调解协议制作调解书送达当事人。

调解书的内容包括三部分：首部、正文和尾部。首部依次写明文书题目、编号、双方当事人的具体情况及案由。正文写明案件事实、理由及协议内容和调解书的效力，这是调解书的核心部分。尾部是审判庭人员签字并加盖院章，注明制作日期。

【范文】

河北省曲周县人民法院
民事调解书 *

（2015）曲民初字第 568 号

原告：张朝武。

被告：中国人民财产保险股份有限公司曲周支公司。住所地：曲周镇

---

* 此案例为真实案例，为保护当事人隐私，人名、地名均为虚构。

东关街 231 号。

负责人：李雪梅，该公司总经理。

委托代理人：陈胡杨，该公司员工。

本院于 2015 年 4 月 30 日立案受理了原告诉被告机动车交通事故责任纠纷一案，依法由审判员常海英适用简易程序公开进行了审理。查明，2014 年 3 月 21 日 10 时 30 分许，桂丽英驾驶冀 D×××× 号轻型厢式货车沿南开街由南向北行至曲周县南开街小河道村路口向西左转弯过程中，与由北向南在机动车道内行驶的原告张朝武驾驶的电动三轮车相撞，造成原告张朝武及其所驾车上乘坐人张五芬（赔偿事宜另案处理）、李晓红（赔偿事宜另案处理）受伤，一机动车、一非机动车损坏的道路交通事故。事故发生后原告被送往曲周县医院进行治疗，住院 18 天，花去医疗费 10 966.25 元。事故车辆冀 D×××× 在被告中国人民财产保险股份有限公司曲周支公司处投保有交强险，本次事故发生在保险期间内。因赔偿问题，原告、被告致成纠纷，原告诉至本院，要求被告赔偿医疗费、误工费、护理费、住院伙食补助费、被扶养人生活费、交通费、营养费、后续治疗费、残疾赔偿金、精神损害抚慰金及电动车损失等共计 5 万元。

本案在审理过程中，经本院主持调解，双方当事人自愿达成如下协议：

一、被告中国人民财产保险股份有限公司曲周支公司自本调解协议生效之日起十五日内，在交强险赔偿限额范围内赔偿原告张朝武医疗费、住院伙食补助费、护理费、误工费、交通费等各项损失共计 8 000 元。

二、原告、被告其他无争议。

案件受理费 1 050 元，减半收取 525 元，由原告张朝武负担。

双方当事人一致同意本调解协议，自双方在调解协议上签名或捺印后即具有法律效力。

上述协议，不违反法律规定，本院予以确认。

审判员　常海英

二〇一五年七月二十八日

书记员　张彩霞

2. 法庭调解中法官对特殊问题的处理

（1）普通程序庭审中，审判人员能否适时主持当事人进行调解？

庭审的根本目的在于查明事实、正确适用法律，以妥善解决纷争，而不是机械地走完程序。因此，审判人员在庭审中可以根据当事人即时表达的调解意愿，或在有调解基础的情况下，随时主持当事人进行调解，无须按照庭审的既定程序进行。具体可区分几种情况分别处理。

① 当事人在庭审之前均有调解意愿的，审判人员可先进行调解，调解不成再开庭审理。

② 法庭调查中，双方当事人对事实没有争议或争议不大，且有调解意愿的，审判人员可宣布休庭进行调解；调解不成，恢复法庭辩论。

③ 经过法庭调查和法庭辩论，双方当事人对民事责任承担没有异议或异议不大，审判人员可征求当事人是否愿意调解，如双方均愿意调解，审判人员可宣布休庭进行调解。调解不成的，恢复庭审，由当事人作最后陈述。

（2）需当庭调解而委托代理人无调解授权的，审判人员应如何处理？

① 可要求代理人与当事人电话联系，转告情况并询问调解意愿。若当事人表示可以调解的，则可马上主持调解。

② 若一时联系不到当事人，不能确定当事人调解意愿的，除非代理人明确表示不能参加调解外，审判人员可视情况继续主持调解，但应要求代理人庭后向当事人转告调解情况，并及时向法院反馈意见，补办委托手续。

（3）当一方当事人当庭表示不愿意调解，而审判人员又认为有调解必要和可能性的，应如何处理？

如果审判人员认为有调解必要，但当庭又受场合限制，难以将想法和建议及时与当事人进行沟通，可采取以下告知方法："因一方当事人表示不愿意调解，当庭不再主持调解。庭后如果双方当事人愿意调解，法院再另行主持调解。"庭后，审判人员可以与相关当事人进一步沟通，使当事人了解调解处理本案纠纷的有利之处，从而在当事人自愿接受调解的基础上，再开展调解工作。

四、合议庭评议

法庭辩论终结，由审判长宣布休庭，案件进入合议庭评议阶段。在此阶段，合议庭全体成员根据法庭调查和法庭辩论的情况对案件的性质、事实的认定，当事人的是非责任，以及法律适用等进行讨论，表达自己的意见，并在此基础上形成对案件的裁判意见。

（一）评议的具体步骤

（1）审判长宣布休庭，待合议庭对案件进行评议后宣告判决。

（2）合议庭成员退庭。

（3）合议庭成员在审判长的主持下进行评议。

（二）评议中的注意事项

（1）无论是否公开审理的案件，合议庭评议的过程都应当秘密进行。

（2）评议的过程应当制作成笔录，由合议庭成员签名。合议庭评议实行少数服从多数的原则，但是对于合议庭的不同意见应当如实记录，归档备查。

（3）合议庭评议案件时，发表意见的顺序也应依法进行。先由承办法官对认定案件事实和适用法律发表意见，审判长最后发表意见；审判长作为承办法官的，由审判长最后发表意见。

（4）评议时如发现案件事实尚未查清，需要当事人补充证据或者由人民法院自行调查收集证据的，可以决定延期审理，由审判长在继续开庭时，宣布延期审理的理由和时间，以及当事人提供补充证据的期限。

五、宣告判决

合议庭宣告判决，是合议庭将案件的审判结果向案件的当事人、诉讼参与人以及社会公开宣告的活动。

（一）宣告判决的步骤

（1）书记员宣布：全体起立，请审判长和审判员入庭。

（2）审判长和审判员入庭后，书记员宣布：请坐下。

（3）审判长根据法庭调查、辩论情况和合议庭评议意见，对证据进行评述，认定案件事实，并说明处理纠纷的法律依据。

（4）审判长宣判。审判长宣读判决结果。宣判时，应由书记员宣布：全体起立。判决宣读完毕，书记员宣布：请坐下。

（5）审判长宣布闭庭。

（6）书记员宣布：全体起立，请审判长和合议庭成员退庭。

（7）审判长和合议庭成员退庭后，书记员宣布：请旁听人员退庭，当事人及诉讼代理人核对庭审笔录。

（二）宣告判决的方式

根据《民事诉讼法》的规定，宣告判决包括当庭宣判和定期宣判两种方式。

1. 当庭宣判

当庭宣判，是指在合议庭评议结束后，由审判长宣布继续开庭并宣读判决结果。宣判时，当事人及其他诉讼参与人、旁听人员应当起立。宣判的内容包括：认定的事实，适用的法律，判决的结果和理由，诉讼费用的负担，以及当事人上诉的权利、期限和上诉法院。

当庭宣判的，法院应当在 10 日内发送判决书，除当事人当庭要求邮寄发送裁判文书的以外，人民法院应当告知当事人或者诉讼代理人领取裁判文书的时间和地点以及逾期不领取的法律后果。上述情况，应当记入笔录。

2. 定期宣判

不能当庭宣判的，审判长应当宣布另定日期宣判。与当庭宣判所不同的是，定期宣判后，应当场立即发送判决书。对于离婚案件，宣判时还应特别告知当事人在判决发生法律效力前不得另行结婚。

3. 判决书的书写

依据《民事诉讼法》第 152 条的规定，判决书的书写由首部、正文和尾部三部分组成。

（1）首部，即民事判决的开头部分。包括以下内容。

作出判决的人民法院名称、案件类别和编号。

当事人的基本情况，即当事人的姓名、性别、年龄、职业、住址等，当事人是法人或其他组织的，应写明其名称、住所和法定代表人的姓名和职务，当事人有诉讼代理人的，还应写明诉讼代理人的基本情况。

如果原告不止一人的，应当依其享有的民事权利的大小，按从大到小的顺序写，被告不止一人的，按照判决其负担义务的大小，由大到小依次列写。有反诉的，对原告要写明"原告（反诉被告）"，对被告要写明"被告（反诉原告）"。有第三人的，应在原告、被告之后列明。

案由、审判组织和审判方式。

（2）正文。正文是判决书的核心部分，是判决的主要内容。主要包括以下三个方面。

① 诉讼请求、争议的事实和理由。

这一部分是指当事人向人民法院陈述的内容，既有原告的具体诉讼请求及其事实和理由，也有被告答辩所根据的事实和理由，若有第三人的，还应包括第三人的诉讼请求及其事实和理由或其答辩所根据的事实和理由。这部分内容应当全面、客观地如实反映，不得夸大或缩小当事人所陈述的案件事实、诉讼请求和理由。

② 判决认定的事实、理由和适用的法律依据。

这一部分内容是判决的根据，必须做到认定事实清楚，是非责任明确，理由充分，适用法律正确。具体包括以下内容。

人民法院已查明并予以认定的案件事实及其根据；

人民法院对案件性质、是非责任的认定以及解决纠纷的看法；

人民法院作出判决所适用的法律根据。

③ 判决结果和诉讼费用的负担。

判决结果就是人民法院根据事实和法律，对案件的实体问题所作的处理决定。判决结果必须准确、清楚和具体，避免模棱两可、笼统原则。判决适用的法律要准确。凡条文分条、款、项或者分条、项的，引用时应具体写明到款、项，而不要笼统地写第几条。目前还没有法律明文规定，而是根据政策精神判决的，可写"据此，判决如下"，不要写"依法判决如下"。

在判决结果之后应写明诉讼费用的数额、由谁负担以及如何分担。

（3）尾部，即判决的结尾部分。这一部分的内容包括：

判决是否准予上诉、上诉期间和上诉法院，审判人员、书记员署名，加盖人民法院印章，写明作出判决的时间。

【范例】

南川省青石板区人民法院
民事判决书*

（2018）南 0710 民初 1362 号

原告：王娟，女，汉族，1970 年 10 月 12 日出生，住南川省云塘县白云镇四合村 15 组，公民身份证号码：×××××××××××××××××。

诉讼委托代理人：丁伟，南国胜全律师事务所律师。

原告：张军，男，汉族，1938 年 1 月 23 日出生，住南川省云塘县白云镇四合村 15 组，公民身份证号码：××××××××××××××××××。

诉讼委托代理人：丁伟，南国胜全律师事务所律师。

原告：吴芳，女，汉族，1944 年 9 月 20 日出生，住南川省云塘县白云镇四合村 15 组，公民身份证号码：××××××××××××××××××。

诉讼委托代理人：丁伟，南国胜全律师事务所律师。

原告：张璐，女，汉族，1992 年 3 月 12 日出生，住南川省云塘县白云镇四合村 15 组，公民身份证号码：××××××××××××××××××。

---

* 此案例为真实案例，为保护当事人隐私，人名、地名均为虚构。

诉讼委托代理人：丁伟，南国胜全律师事务所律师。

原告：张婷，女，汉族，1995年1月29日出生，住南川省云塘县白云镇四合村15组，公民身份证号码：×××××××××××××××××。

诉讼委托代理人：丁伟，南国胜全律师事务所律师。

原告：张伟，男，汉族，2000年8月20日出生，住南川省云塘县白云镇四合村15组，公民身份证号码：×××××××××××××××××。

诉讼委托代理人：丁伟，南国胜全律师事务所律师。

被告：张建国，男，汉族，1983年6月24日出生，住湖北省新阳市罗林村一组，公民身份证号码：×××××××××××××××××。

被告：新阳得利物流有限公司，住所地：中江省新阳市海川工业园区6幢，统一社会信用代码：××××××××××××××××××。

法定代表人：张晋，公司总经理。

诉讼委托代理人：万军，中江百龙律师事务所律师。

被告：东新平安顺物流有限公司黄江分公司，住所地：中江省东新市创新路234号，统一社会信用代码：×××××××××××××××××××。

负责人：张权，该公司总经理。

被告：中华联合财产保险股份有限公司东新中心支公司，住所地：中江省东新市新春路2号，统一社会信用代码：×××××××××××××××××××××。

负责人：金涛，该公司总经理。

诉讼委托代理人：周尧，中江开运律师事务所律师。

原告王娟、张军、吴芳、张璐、张婷、张伟诉被告张建国、新阳得利物流有限公司（下称得利公司）、东新平安顺物流有限公司黄江分公司（下称平安顺公司）、中华联合财产保险股份有限公司东新中心支公司（下称联合保险）机动车交通事故责任纠纷一案，本院受理后，依法组成合议庭，适用普通程序公开开庭进行审理。原告王娟、张璐、张婷及其诉讼委托代理人丁伟，原告张军、张伟的共同诉讼委托代理人丁伟，被告张建国、被告得利公司的诉讼委托代理人万军，被告联合保险的诉讼委托代理人周尧到庭参加诉讼。被告平安顺公司因下落不明，本院依法公告向其送达了开庭传票、举证通知书、应诉通知书、开庭传票等相关法律文书，公告期届满后，被告平安顺公司未到庭参加诉讼，本院依法对其进行缺席审理。本案现已审理终结。

原告王娟、张军、张璐、张婷、张伟共同诉称：2017 年 9 月 23 日，张建国驾驶中 D6566 号牵引车牵引中 A8798 号挂车，行驶至南国市青石板区云台镇林中二支路三环物流市场大门路段，张建国将中 A8798 号挂车违规停放在南国市青石板区云台镇林中二支路三环物流市场大门路段右侧车道内。2017 年 9 月 26 日 20 时 30 分，张小明骑行无牌电动两轮车由林中路方向经林中二支路路段时，撞上停放在路边中 A8798 号挂车左侧车身摔倒，造成张小明当场死亡的交通事故。后经交警部门认定，被告张建国负事故次要责任、张小明承担主要责任。

经查，张建国驾驶的中 D6566 号牵引车系得利公司所有，中 A8798 号挂车系平安顺公司所有，中 D6566 号牵引车在联合保险投保了交强险及商业三者险，事故发生在保险期间内。因双方多次协商未果，现原告诉至法院，请求：1. 法院判令四被告赔偿原告死亡赔偿金、被扶养人生活费、丧葬费、精神抚慰金、办丧事误工费合计 383 457 元。2. 本案诉讼费由被告承担。

被告张建国辩称："我对事故发生的事实及责任划分没有异议，事故发生后我没有垫付任何费用。中 D6566 系我出资购买，挂靠在得利公司处经营。另外我是给李涛打工，由他给我发放工资。中 A8798 是我临时牵引的车，该车系被告平安顺公司所有。我的车购买了交强险和商业险，并有不计免赔。"

被告得利公司辩称："我公司不是中 D6566 的实际车主。该车系被告张建国出资购买，应当由张建国承担赔偿责任。另外事故发生时，该车也未牵引中 A8798 号挂车，因此我公司不应承担赔偿责任。"

被告平安顺公司未到庭参加诉讼，未提交书面答辩状。

被告联合保险辩称："我公司承保的是中 D6566 号牵引车，挂车未在我公司投保。事故发生时，牵引车与挂车处于非连接状态，因此本次事故不符合保险的赔偿范围。另外投保人在免责事项中签字，表明知道了免责事项，因此免责条款有效。对于本案的赔偿比例，我公司认为原告方应承担 70% 以上的责任。"

经审理查明：2017 年 9 月 23 日，被告张建国驾驶中 D6566 号重型半挂牵引车牵引中 A8798 号重型低平板半挂车，行驶至南国市青石板区云台镇林中二支路三环物流市场大门路段，张建国将中 A8798 号挂车违规停放在南国市青石板区云台镇林中二支路三环物流市场大门路段右侧车道内。2017 年 9 月 26 日 20 时 30 分，张小明骑行无牌电动两轮车由林中路方向经林中二支路往三环物流市场方向行驶，至青石板区云台镇林中二支路路段时，撞上停放在路边中 A8798 号挂车左侧车身摔倒，造成张小明经抢救无效后死亡、车辆受损的交通事故。后经交警部门认定，被告张建国负事故次要责任，张小明负事故主要责任。原告方支付了抢救费 196 元。

另查明：死者张小明于 2005 年因未征地农转非成为居民户口。张小明与王娟系夫妻关系，二人共同生育了张璐、张婷、张伟三个子女。其父亲为张军，母亲为吴芳，二人共生育子女三人。

再查明：中 D6566 号牵引车系被告张建国出资购买后挂靠在被告得利公司名下经营，该车在被告联合保险处投保了交强险和商业第三者责任险（100 万元），并投保了不计免赔，保险期间自 2017 年 3 月 31 日至 2018 年 3 月 31 日。其中《商业保险条款》第 29 条约定："主车和挂车连接使用时视为一体，发生保险事故时，由主车保险人和挂车保险人按照保险单上载明的机动车第三者责任保险责任限额的比例，在各自的责任限额内承担赔偿责任，但赔偿金额总和以主车的责任限额为限。"另外，中 A8798 号挂车系被告平安顺公司所有，该车未投保任何保险。

2013 年 3 月 8 日，中国保险行业协会印发中保协（2013）37 号《挂车免投保交强险实务处理规程》规定，自 2013 年 3 月 1 日起，挂车不再投保机动车交通事故责任强制保险。另外还规定 2013 年 3 月 1 日零时以后，挂车与牵引车非连接使用时发生交通事故，挂车未投保交强险或交强险已过保险期的，在挂车的商业第三者责任险限额内承担赔偿责任。

上述事实，有当事人的陈述、交通事故责任认定书、死亡医学证明、户口本、保险单、保险条款等证据在卷为凭，并经当庭质证，足以认定。

本院认为，被告平安顺公司经本院传票传唤，无正当理由不到庭参加诉讼，视为其放弃诉讼权利，本院可依法作出缺席判决。

公民享有生命健康权，行为人因过错侵害他人民事权益，应当承担侵权责任。《中华人民共和国道路交通安全法》第 76 条规定：机动车发生交通事故造成人身伤亡、财产损失的，由保险公司在机动车第三者责任强制险责任限额范围内予以赔偿。根据中保协（2013）37 号文件，本案挂车中 A8798 可不再投保交强险，因此应视为主挂车共同使用牵引车的交强险，另外由于挂车其本身没有动力装置，且本案事故发生的次要原因也是被告张建国用牵引车将挂车牵引至事发地，因此本院认为本次事故发生后，中 D6566 号的保险公司应当在交强险范围内先承担赔偿责任。对于超过交强险赔偿部分，本院认为，根据中 D6566 号车的《商业保险条款》第 29 条："主车和挂车连接使用时视为一体，发生保险事故时，由主车保险人和挂车保险人按照保险单上载明的机动车第三者责任保险责任限额的比例，在各自的责任限额内承担赔偿责任，但赔偿金额总和以主车的责任限额为限。"该条明确约定的情形为主车和挂车连接使用时视为一体，此种情形下保险公司才在商业险范围内承担赔偿责任，根据反向解释规则，即在主车和挂车相分离的情况下，保险公司是不承担赔偿责任。而此种解释也符合中保协（2013）37 号文件规定的"2013 年 3 月 1 日零时以后，挂车与牵引车非连接使用时发生交通事故，挂车未投保交强险或交强险已过保险期的，在挂车的商业第三者责任险限额内承担赔偿责任"精神。如果在主车和挂车分离的情形下要求主车在商业险范围内承担挂车发生事故后的赔偿责任也不符合公平原则。因此对于被告联合保险抗辩称其不应在商业险范围内承担赔偿的抗辩理由，本院予以采信。对于在交强险赔付后因被告张建国将出资购买的车挂靠在被告得利公司处经营，根据《最高人民法院关于审理道路交通事故损害赔偿案件适用法律若干问题的解释》第 3 条：以挂靠形式从事道路运输经营活动的机动车发生交通事故造成损害，属于该机动车一方责任，当事人请求由挂靠人和被挂靠人承担连带责任的，人民法院应予支持。因此被告张建国应当与被告得利公司承担连带赔偿责任。而对于挂车中 A8798 号车的车主平安顺公司，将其挂车用于经营，对该车享有运行支配利益，其应当预见到在经营挂车过程中会出现主挂分离情形，但其并未购买相关保险以防范出现的风险，因此其也应当与被告张建国、被告得利物流承担共同赔偿责任。因死者张小明在本次事故中承担主要责任，被告张建国承担次要责任，根据《南国市道路交通安全条例》第 67 条：机动车与非机动车驾驶人、行人之间发生交通事故，由保险公司在机动车第三者责任强制保险责任限额范围内予以赔偿；不足的部分，机动车一方按照下列规定承担赔偿责任：……（二）非机动车驾驶人、行人的过错在交通事故中起主要作用的，机动车一方承担 40% 至 50% 的赔偿责任。因张小明骑行的是电动两轮车，应视为非机动车，原告方自愿请求由被告方承担 40% 的责任，本院予以尊重。故本院判定由死者张小明承担事故 60% 的责任，由被告张建国承担 40% 的赔偿责任。

对于原告请求的赔偿费用，本院做如下认定：

1. 死亡赔偿金。本院认为：死亡赔偿金按照受诉法院所在地上一年度城镇居民人均可支配收入或者农村居民人均纯收入标准，按 20 年计算。但 60 周岁以上的，年龄每增加 1 岁减少 1 年；75 周岁以上的，按 5 年计算。死者张小明出生于 1971 年 6 月 14 日，事故发生于 2017 年 9 月 26 日，死亡时尚未年满 60 周岁，故其死亡赔偿金应计算 20 年。对于计算标准，根据原告提交的户口页，可以证明死者张小明已于 2005 年因未征地农转非成为居民户口，因此其户口性质应认定为非农业户口，故其死亡赔偿金应当参照城镇居民人均可支配收入 32 193 元/年计算，故应主张为 643 860 元（32 193 元/年 × 20 年）。

2. 丧葬费。本院认为，丧葬费按照受诉法院所在地上一年度职工月平均工资标准，以6个月总额计算。根据南国市2018年公布的2017年南国市在岗职工年平均工资73 272元的标准，故应主张为36 636元（73 272元/年÷2）。

3. 被扶养人生活费。本院认为，被扶养人生活费根据被扶养人丧失劳动能力程度，按照受诉法院所在地上一年度城镇居民人均消费性支出和农村居民人均年生活消费支出标准计算。被扶养人为未成年人的，计算至18周岁；被扶养人无劳动能力又无其他生活来源的，计算20年。但60周岁以上的，年龄每增加一岁减少一年；75周岁以上的，按5年计算。被扶养人是指受害人依法应当承担扶养义务的未成年人或者丧失劳动能力又无其他生活来源的成年近亲属。被扶养人还有其他扶养人的，赔偿义务人只赔偿受害人依法应当负担的部分。被扶养人有数人的，年赔偿总额累计不超过上一年度城镇居民人均消费性支出额或者农村居民人均年生活消费支出额。因死者张小明系非农业户口，故其被扶养人生活费标准应当参照2018年公布的2017年南国市城镇居民人均消费性支出22 759元/年计算。根据被扶养人的出生年月日，该项费用应主张为：1. 张军（1938年5月15日出生），应计算5年，即应主张为28 448.75元（22 759元/年×5年÷4）；2. 吴芳（1944年1月29日出生），应计算7年，即应主张为39 828.25元（22 759元/年×7年÷4）；3. 张伟（2000年4月29日出生），应计算为1年，即应主张为11 379.50元（22 759元/年×1年÷2）；上述三人合计金额为79 656.50元。

4. 精神损害抚慰金。本院认为，侵害他人人身权益，造成他人严重精神损害的，被侵权人可以请求精神损害赔偿，但因死者张小明本身在本次事故中承担主要责任，即其自身应承担主要过错，因此原告方再请求该项费用，不符合法律精神，也不符合常理常情，对原告请求的该项费用，本院不予支持。

5. 办理丧葬事宜误工费。本院认为，原告方为办理张小明的丧葬事宜，必然客观上会产生相应的费用，原告请求的3 000元比较合理，本院予以支持。

6. 抢救费。根据原告提交的医疗费发票，本院对原告请求的抢救费196 元予以确认。

上述费用总计 763 348.50 元，由被告联合保险在交强险范围内赔偿原告医疗费、死亡赔偿金共计 110 196 元。剩余 653 152.60 元，由被告张建国、得利物流、平安顺公司连带赔偿原告 261 261 元（653 152.60 元×40%），原告的其余损失由原告自行承担。

综上，依照《中华人民共和国侵权责任法》第 2 条、第 26 条，《中华人民共和国民法通则》第 131 条，《最高人民法院关于审理人身损害赔偿案件适用法律若干问题的解释》第 27 条、第 28 条、第 29 条，《中华人民共和国民事诉讼法》第 64 条、第 144 条之规定，判决如下：

一、被告中华联合财产保险股份有限公司东新中心支公司于本判决生效之日起十日内在交强险范围内赔偿原告王娟、张军、吴芳、张璐、张婷、张伟各项损失共计 110 196 元；

二、被告张建国、新阳得利物流有限公司、东新平安顺物流有限公司黄江分公司于本判决生效之日起十日内赔偿原告王娟、张军、吴芳、张璐、张婷、张伟各项损失共计 261 261 元；

三、驳回原告王娟、张军、吴芳、张璐、张婷、张伟的其他诉讼请求。

如未按本判决指定的期间履行金钱给付义务，应当依照《中华人民共和国民事诉讼法》第 253 条之规定，加倍支付迟延履行期间的债务利息。

本案受理费 6 670 元，由原告王娟、张军、吴芳、张璐、张婷、张伟负担 211 元，由被告张建国、新阳得利物流有限公司、东新平安顺物流有限公司黄江分公司负担 6 459 元。

如不服本判决，可在判决书送达之日起十五日内，向本院递交上诉状，并按对方当事人的人数提出副本，上诉于南国市第五中级人民法院。同时，直接向该院预交上诉案件受理费。递交上诉状后上诉期满七日内仍未预交诉讼费又不提出缓交申请的，按自动撤回上诉处理。

双方当事人在法定上诉期内均未提出上诉或上诉后又撤回的，本判决发生法律效力，当事人应当自觉履行判决的全部义务，一方不履行的，自本判决生效后，权利人可以向本院申请强制执行。申请执行的期限为两年。该期限从法律文书规定履行期间的最后一日起计算。

审判长　李晓光

人民陪审员　孟宇飞

人民陪审员　罗红梅

二〇一八年六月十九日

书记员　王佳佳

六、法庭笔录

在开庭审理的过程中，书记员应将法庭审理的全部活动记入笔录。法庭笔录应当庭宣读，也可以告知当事人和其他诉讼参与人当庭或者在 5 日内阅读。经宣读或阅读，当事人和其他诉讼参与人认为记录无误的，应当在笔录上签名或盖章；拒绝签名、盖章的，记明情况附卷；认为对自己的陈述记录有遗漏或者差错，申请补正的，允许在笔录后面或另页补正。法庭笔录最后应由合议庭成员和书记员签名。

法庭笔录客观真实地记录了法庭审理活动的全过程，是合议庭评议和裁判的重要依据，也是检查法院开庭审理程序是否合法的根据，所以极为重要。实训中，书记员应在开庭之前就为庭审笔录的记录做好准备，并在开庭审理的过程中做好记录。

【范例】

南国市青石板区人民法院
开庭笔录 *

案号：（2018）南 0710 民初 1362 号

案由：机动车交通事故责任纠纷

---

* 此案例为真实案例，为保护当事人隐私，人名、地名均为虚构。

开庭时间：2018 年 6 月 7 日下午 14：00

开庭地点：白石驿法庭

是否公开开庭审理：公开 第一次开庭

审判长：李晓光 人民陪审员：孟宇飞、罗红梅

书记员：王佳佳

书：核对当事人到庭情况。

书：询问双方证人出庭作证情况，告知证人不得参与旁听事项。

书：宣布法庭纪律（略）。

审：南国市青石板区人民法院白石驿法庭依照《中华人民共和国民事诉讼法》之规定，现在开庭。原告王娟、张军、吴芳、张璐、张婷、张伟诉被告张建国、新阳得利物流有限公司、东新平安顺物流有限公司黄江分公司、中华联合财产保险股份有限公司东新中心支公司机动车交通事故责任纠纷一案，公开开庭进行审理。

审：现在核对当事人及代理人身份。请原告、被告依次陈述自己的姓名、性别、出生年月日、民族、籍贯、文化程度、工作单位、职务、住址及身份证号码。（单位应陈述单位全称、组织机构代码证号码、住所地、法定代表人姓名及职务）

原告 1：王娟，女，1970 年 10 月 12 日出生，汉族，住南川省云塘县白云镇四合村 15 组，公民身份证号码××××××××××××××××××。

原告 2：张军，男，1938 年 1 月 23 日出生，汉族，住南川省云塘县白云镇四合村 15 组，公民身份证号码××××××××××××××××××。（未到庭）

原告 3：吴芳，女，1944 年 9 月 20 日出生，汉族，住南川省云塘县白云镇四合村 15 组，公民身份证号码：××××××××××××××××××。（未到庭）

原告 4：张璐，女，1992 年 3 月 12 日出生，汉族，住南川省云塘县白云镇四合村 15 组，公民身份证号码：×××××××××××××××

××。

原告5：张婷，女，1995年1月29日出生，汉族，住南川省云塘县白云镇四合村15组，公民身份证号码：×××××××××××××××××。

原告6：张伟，男，2000年8月20日出生，汉族，住南川省云塘县白云镇四合村15组，公民身份证号码：×××××××××××××××××。（未到庭）

六原告共同委托代理人：丁伟，南国胜全律师事务所律师。（特别授权）

被告1：张建国，男，汉族，1983年6月24日出生，住湖北省新阳市罗林村一组，公民身份证号码：×××××××××××××××××××。

审：原告是否同意当庭将被告中江省新阳得利物流有限公司变更为新阳得利物流有限公司。

原代：同意。

被2代：同意。

被告2：新阳得利物流有限公司，住所地新阳市海川工业园区6幢，统一社会信用代码：×××××××××××××××××××。

法定代表人：张晋，职务总经理。（未到庭）

委托代理人：万军，中江百龙律师事务所律师。（一般代理）

被告3：东新平安顺物流有限公司黄江分公司，住所地：中江省东新市创新路234号，统一社会信用代码：××××××××××××××××××××。（未到庭）

审：双方是否同意当庭将被告中华联合财产保险股份有限公司东新分公司变更为被告中华联合财产保险股份有限公司东新中心支公司？

原代：同意。

被2代：同意。

被告4：中华联合财产保险股份有限公司东新中心支公司，住所地新

阳市新春路 2 号，统一社会信用代码：×××××××××××××
××××。

委托代理人周尧，中江开运律师事务所律师。（一般代理）

审：经审核，以上当事人及诉讼代理人，符合法律规定，可以参加本案的诉讼。

审：根据《中华人民共和国民事诉讼法》第 50 条、第 51 条、第 52 条、第 53 条等规定，参加诉讼活动的当事人有以下权利义务：当事人有权委托代理人，调查、收集、提供证据，进行辩论，请求调解，提起上诉，申请执行，双方当事人还可以自行和解，原告可以放弃或者变更诉讼请求，被告可以反驳或者承认诉讼请求和有权提起反诉。但原告增加诉讼请求，被告提出反诉，须在规定的期限内提出。当事人还可以查阅、复制与本案有关证据材料或法律文书，但查阅、复制的范围应按最高人民法院的规定执行。

审：当事人还必须依法行使诉讼权利，遵守法庭纪律，维护法庭秩序，自觉履行生效法律文书所确认的权利和义务。

审：原告王娟、张军、吴芳、张璐、张婷、张伟诉被告张建国、新阳得利物流有限公司、东新平安顺物流有限公司黄江分公司、中华联合财产保险股份有限公司东新中心支公司机动车交通事故责任纠纷一案，由本院审判员李晓光担任审判长、与人民陪审员孟宇飞、罗红梅组成合议庭，适用普通程序公开开庭审理，书记员王佳佳担任法庭记录。

审：由于被告东新平安顺物流有限公司黄江分公司经法院依法公告送达起诉状副本、应诉通知书、举证通知书、开庭传票，公告期满后仍未到庭参加诉讼，现依法缺席审理此案。

审：依照《中华人民共和国民事诉讼法》第 45 条、第 46 条、第 48 条的规定，当事人对审判员、书记员有以下情形之一的，有权以口头或书面方式申请回避：一、是本案当事人或者当事人、诉讼代理人近亲属的；二、与本案有利害关系的；三、与本案当事人有其他关系，可能影响本案公正审理的。

审：原被告是否听清，是否申请回避？

原1、原4、原5、原代：听清，不申请回避。

被1、被2代、被4代：听清，不申请回避。

审：现在进行法庭调查。由原告陈述起诉事实、理由和要求。

原1、原4、原5、原代：宣读起诉状（略）。

审：被告答辩。

被1：事故的发生及责任划分无异议，未垫付任何费用，中D6566是我自己购买的，挂靠在被2处，中A8798挂车是我临时牵引的车，中A8798挂车挂靠在被3处，李涛负责给我发钱。交强险、商业险（限额50万元），并购买不计免赔。

被4代：我公司承保的牵引车，不是挂车，事故发生时是不连接状态，不符合交强险的理赔范围。投保人在免责事项中签字，表明是知道了免责事项，免责条款有效。本案的责任划分比例有异议，原告应当承担70%以上的责任，对原告诉称的原告承担60%的责任有异议。

被2代：中D6566实际车主是被1，所以应由被1承担赔偿责任。未接送中A8798挂车，不应承担责任。

审：下面由原被告出示证据并质证。

原1、原4、原5、原代：提交证据1：户口本、村委会出具的证明，证明原告是本案的适格主体，本案死者张小明以及其妻子、儿女的情况。张小明户口为农转居。死者有父母及三个子女，死者的父母现居住在户籍所在地。

被4代：户口本载明张小明是农业劳动者，应按农村标准来计算。原告出示的证据可以证明死者的父母是农村户口。

被2代、被1：同被4的质证意见一致。

原1、原4、原5、原代：证据2：交通事故责任书。证明事故的发生及责任划分。中D6566号车及中A8798挂车的所有人分别为被2、被3。

被4代：死者是主责，应承担70%以上的责任。

被2代、被1：同被4的质证意见一致。

原 1、原 4、原 5、原代：证据 3：医学证明书、火化证、土地注销证明。证明张小明因本次交通事故死亡。

被 4 代：由医学证明书的地址可以看出死者是属于农村户口。

被 2 代、被 1：同被 4 的质证意见一致。

原 1、原 4、原 5、原代：证据 4：营业执照、劳务合同、证明，证明张小明生前的工作及居住情况。

被 4 代：证明上载明的死者居住地与医学证明上的地址矛盾，应以医学证明书为准。营业执照无法确定真实性，对劳动合同、证明的真实性也有异议。

被 2 代：劳务合同签订的时间距事故发生的时间比较近，原告应举示发放工资的相关证据予以佐证。其他的同被 4 的质证意见一致。

被 1：同被 4、被 2 的质证意见一致。

审：原告庭审后两个星期内向法院提交张小明的领取工资的相关证据，逾期不交，视为无证据，原告有无异议？

原代：无异议。

审：原告补充提交上述证据后，被告是否到庭质证？

被 1、被 2 代、被 4 代：不到庭，提交书面质证意见。

原 1、原 4、原 5、原代：证据 5：医疗费发票，证明张小明因交通事故产生的抢救费 196 元。

被 4 代：医疗费发票无异议。

被 2 代，被 1：同被 4 的质证意见一致。

审：被告有无证据举示？

被 1：无。

被 2 代：无。

被 4 代：证据 1：保险协会文件，证明挂车应投保商业险，但挂车未购买商业险，赔偿应由挂车的所有人承担。

原代：对被告举示的第一组证据的真实性无异议，但认为本案应属于交强险理赔范围。

被 4 代：提交第二组证据（详见证据清单）。

原代：对被告举示的第二组证据的真实性无异议，但应属于商业险理赔范围。

被 4 代：提交第三组证据（详见证据清单）。

原代：对被告举示的第三组证据无异议。

原代：保险协会文件的真实性无异议，挂车无动力，应由牵引车及保险公司承担责任。

被 2 代：对被 4 举示的上述所有证据的真实性无异议，如我方承担责任，则保险公司应承担责任。

被 1：对被 4 举示的上述所有证据的真实性无异议。

审：商业保险投保单的投保人处签章为何没有车牌号？

被 4 代：当时是新车，只写了发动机号，和交强险的投保单是一样的。

审：原告陈述各项赔偿费用。

原代：同赔偿清单一致。

审：被告对原告主张的各项费用有何意见？

被 4 代：死亡赔偿金和被扶养人生活费应按农村标准计算，吴芳应计算 6 年。本案的主责是原告，车辆是属于静止状态，精神抚慰损害金不应支持。其他由法院依法判决。

被 2 代、被 1：同被 4 的意见一致。

审：被 4 是认为不应承担责任还是应免责？

被 4 代：主挂分离不应承担赔偿责任。

审：双方对事实部分有无补充？

原 1、原 4、原 5、原代：没有了。

被 1：没有了。

被 2 代：没有了。

被 4 代：被 4 询问被 1 和原告发生事故时车是使用还是静止状态？是否是连接状态？

被 1：是静止状态，没有连接。

原代：以交通事故认定书为准。

审：法庭调查结束，现在进行法庭辩论。

原1、原4、原5、原代：事故认定书载明被1承担次责，挂车本身无动力，需被牵引车牵引才能使用，事发时挂车是停在路边，但需牵引车的牵引才能停在路边，故牵引车应该承担赔偿责任，保险公司也应当承担赔偿责任。死者及亲属在事发前已转为非农户口，原告也已举示证据证明死者生前在城镇居住及工作，故相关赔偿标准应按城镇标准计算。交通事故认定书载明死者驾驶的车辆为非机动车。

被1：牵引车是挂靠在被2处，平时是李涛联系被2的，我本来是准备交车，但头天晚上就发生了事故，事发时我也不知道。

被2代：本事故属于对挂车的管理不善产生的，我公司不拥有挂车，事发时牵引车和挂车属于非连接状态，所以我公司不应承担赔偿责任。

被4代：死者的户口本载明是农业劳动者，原告未举示公司的工商信息，应按农村标准计算。原告出具的证明是村委会出具的，故被扶养人生活费应按农村标准计算。死者是主责，应承担70%以上的责任。本案不是被保险人在使用过程中造成的，不属于交强险。且事发时属于非连接状态，挂车也可购买商业险，但未购买。故我方不应承担赔偿责任。

审：最后陈述。

原1、原4、原5、原代：判如所请。

被1：不应承担赔偿责任。

被2代：不应承担赔偿责任。

被4代：不应承担赔偿责任。

审：宣布休庭，核对笔录，请签字。

七、审结期限

审结期限，是法律所规定的法院从立案受理到作出裁判所应当遵循的时间限制。规定审结期限，是为了促使法院依法及时行使审判权，提高诉讼效率，防止诉讼拖延，节省诉讼成本，进而依法及时保护当事人的合法权益。

一审法院按照普通程序审理第一审民事案件应当遵循的审结期限是6个月，即案件应当在法院立案之日起6个月内作出裁判。由本院院长批准，可以延长6个月；还需要延长的，报请上级法院批准。对于审结期限的计算，是指从立案的次日起算至法院裁判宣告之日止，但公告期间、鉴定期间、审理当事人提出的管辖权异议以及处理法院之间的管辖权争议期间不应计算在期间内。

由于授课时间的限制，实训的过程不可能严格遵守各项诉讼时限的规定，但对诉讼中各项文书制作的时间应当符合和遵守诉讼时限。

八、开庭审理环节的实训内容

本环节在课堂上完成。开庭之前应先组织学生观看标准庭审的视频，再去法院旁听真实的庭审，让学生对开庭审理有了充分的了解和准备之后再进行实训，以达到事半功倍的效果。

闭庭后，可以在课堂上先进行自评，让参与开庭的学生对自己在庭审中的表现进行总结，再由其他旁观的学生对参与庭审的学生当场提问和评价，最后由指导教师就本次开庭进行总结性点评。

开庭审理完毕后，法官组的同学应当撰写判决书并制作法院卷宗，归档备查，一审普通程序的实训过程到此结束。

第五节　开庭审理中特殊情况的处理

一、撤诉

撤诉，是指当事人向法院撤回起诉，不再要求法院对其诉讼请求进行审判的诉讼行为。按照撤诉意思表示的方式可分为两种：申请撤诉和按撤诉处理。

（一）申请撤诉

申请撤诉是指当事人主动向人民法院提出撤回诉讼的申请，不再要求人民法院对案件继续进行审理。申请撤诉需要满足以下条件。

（1）必须以书面或口头方式向人民法院提出明确的申请。

（2）必须基于当事人真实的意思表示。

（3）撤诉申请最迟应在人民法院宣告判决前提出。

（4）撤诉申请须经人民法院审查。

（二）按撤诉处理

按撤诉处理，又称视为撤诉，是指当事人虽未提出申请，但由于当事人的行为符合法律规定的情形，人民法院视其为撤诉。按撤诉处理有以下几种情况。

（1）原告经传票传唤，无正当理由拒不到庭的，可以按撤诉处理。

（2）原告虽已到庭，但未经许可中途退庭的，可以按撤诉处理。

（3）原告应当预交而未预交案件受理费，法院也未批准其缓交、免交的，可以按撤诉处理。

上述情形适用于原告一方为无民事诉讼行为能力的当事人的法定诉讼代理人以及有独立请求权第三人参加诉讼的情形。

二、延期审理

延期审理是指人民法院以及确定开庭审理的日期后，或者在开庭审理的过程中，由于出现某种法定事由，使开庭审理不能如期进行，或者已经开始的庭审无法继续进行，从而决定推延审理的一种诉讼制度。

根据《民事诉讼法》第146条规定，有下列情形之一的，可以延期开庭审理。

（1）必须到庭的当事人和其他诉讼参与人有正当理由没有到庭的。

（2）当事人临时提出回避申请的。

（3）需要通知新的证人到庭，调取新的证据，重新鉴定、勘验，或者需要补充调查的。

（4）其他应当延期的情形。

三、缺席判决

缺席判决，是在一方当事人无正当理由拒不参加庭审或未经许可中途退庭的情况下，受诉法院合议庭经开庭审理而依法对案件作出判决。缺席判决是相对于各方当事人均参加开庭审理下所作出的对席判决而言的。

缺席判决适用于以下情形。

（1）被告经传票传唤无正当理由拒不到庭，或者未经法庭许可中途退庭的。

（2）原告在被告反诉的情况下，经法院传票传唤，无正当理由拒不到庭或者未经法庭许可中途退庭的。

（3）原告申请撤诉，法院裁定不准撤诉的，原告经传票传唤，无正当理由拒不到庭或者未经法定许可中途退庭的。

（4）无诉讼行为能力的被告的法定代理人，经传票传唤，无正当理由拒不到庭或者未经法庭许可中途退庭的。

（5）无民事行为能力人的离婚诉讼，法定代理人不到庭。

（6）无独立请求权的第三人经法院传票传唤，无正当理由拒不到庭，或者未经法庭许可中途退庭的。

四、诉讼中止

诉讼中止，是指在诉讼过程中，出现了法定事由，由人民法院裁定暂时停止诉讼程序的进行，待法定原因消失后，再恢复诉讼的制度。具有下列情形之一的，人民法院应当裁定中止诉讼。

（1）一方当事人死亡，需要等待继承人表明是否参加诉讼的。（适用于财产案件）

（2）一方当事人丧失诉讼行为能力，尚未确定法定代理人的。

（3）作为一方当事人的法人或者其他组织终止，尚未确定权利义务承受人的。

（4）一方当事人因不可抗拒的事由，不能参加诉讼的。

（5）本案必须以另一案的审理结果为依据，而另一案尚未审结的。

（6）其他应当中止诉讼的情形。

中止诉讼的裁定作出后立即生效，当事人不得上诉，也不能申请复议。裁定中止诉讼的原因消除，恢复诉讼程序时，不必撤销原裁定，从人民法院通知或者准许当事人双方继续进行诉讼时起，中止诉讼的裁定即失去效力。

五、诉讼终结

诉讼终结，是指在诉讼进行过程中，出现法定事由，而使诉讼不可能或者没有必要进行下去，由人民法院裁定结束诉讼程序的制度。诉讼终结导致诉讼程序的完全结束，今后也不再恢复。

有下列情形之一的终结诉讼。

（1）原告死亡，没有继承人，或者继承人放弃诉讼权利的。

（2）被告死亡，没有遗产，也没有应当承担义务的人的。

（3）离婚案件一方当事人死亡的。

（4）追索赡养费、抚养费、抚育费以及解除收养关系案件的一方当事人死亡的。

终结诉讼程序的裁定一经作出，立即生效，当事人不得提出上诉，也不能申请复议。

本节知识点的介绍基于一审普通程序的完整性而列举，实训中可不予进行。

本章课后练习

民事审判实训中举证、质证的环节至关重要，除了举证质证的程序要掌握之外，如何分配证明责任、如何有效质证都是重点，以下案例供大家在课后练习。

（1）甲逛商场，试衣时将携带的皮包托付售货员看管，试衣后发现遭窃，遂起诉请求商场赔偿。商场辩称因系无偿保管且售货员并无重大过失，故其不应承担赔偿责任。对是否存在重大过失应由谁负担举证责任？

（2）甲起诉称，甲与乙约定共同出资设立丙公司，但因甲身份的限制，不能经商，所以双方补充约定乙以借款名义向甲出具借条。现甲要求法院确认其系丙公司的股东。乙辩称，甲所持的借条可以证明是乙向甲借款10万元，所以不是甲的出资，不同意甲作为股东。丙公司和其他股东均同意乙的意见。双方之间是借款合同关系还是出资协议关系的举证责任应当分配给哪方当事人？

（3）甲持乙出具的欠款10万元的借条起诉，要求判令乙归还借款10万元。乙辩称，借条系甲伪造。法院应当要求谁申请笔迹鉴定来确定借条的真实性？

（4）甲持乙出具的欠款10万元的借条起诉，要求判令乙归还借款10万元。乙未作答辩，但借条的落款处有乙签名。法院是否应当要求甲申请笔迹鉴定，来确定借条的真实性？

（5）甲以乙未履行买卖合同约定的交货义务为由，请求法院判令乙交货并赔偿损失。乙辩称，其已将货物交付给甲指定人员丙收取。谁对债务已经清偿的事实负担举证责任？

（6）甲委托乙印刷广告宣传资料，因乙未交货，甲请求判令乙支付违约金。乙辩称，甲交付稿样后提出需要修改，所以又收回稿样，致使自己无法完成印刷。对稿样是否被收回的事实由谁负担举证责任？

（7）甲委托乙运送货物，因山体滑坡导致车辆颠覆，货物灭损。甲以乙运送途中道路选择不当，司机未尽注意义务，导致货损为由，要求法院判决乙支付违约赔偿金。乙辩称，山体滑坡属于不可抗力，其可不承担责任。就不可抗力的举证责任怎么进行分配？

（8）乙向甲购买设备一台，甲以乙拒绝付款为由起诉请求判令支付货款。乙辩称其收到机器后发现存在重大质量问题，并在质量异议期内提出了异议，所以拒绝付款。谁对质量瑕疵负举证责任？

（9）甲欠乙货款 10 万元，约定 2002 年 3 月前付清，但甲一直未付。2005 年 1 月，乙起诉要求判令甲支付货款。甲辩称，乙的起诉已过诉讼时效。乙则提出，其曾在 2003 年 1 月以邮政特快专递方式向甲邮寄了催款函，时效因此中断，但由于时间久远，只能提供邮局签收特快专递的凭证，但无法提供甲公司收取邮件的凭证。甲对此表示否认。时效中断的举证责任由谁负担？

（10）买卖合同纠纷中，原告（买受人）要求被告（出卖人）承担逾期交货的违约责任。被告辩称因原告无故拒绝受领，导致货物至今未无法交付，故不应承担违约责任。谁对原告拒绝受领的事实承担举证责任？

（11）买卖合同纠纷中，原告以被告迟延交货导致合同目的无法实现为由，请求解除合同。谁对合同目的无法实现的事实承担举证责任？

（12）原告电信公司诉称，其曾与甲厂订有合同，获准在甲厂区内建电信发射塔。后甲厂并入被告公司。现被告阻止原告人员进入厂区对发射塔进行维修，造成设备损失 100 万元，原告请求判令被告赔偿。被告辩称，其从未同意原告在厂区内建发射塔，故不同意赔偿。原告是否应当对其有权在厂区内建设和维修电信发射塔承担举证责任？

（13）原告诉称，其承租被告所有的房屋，现被告欲出售房屋，其要求主张行使优先购买权。被告辩称，双方之间不存在房屋租赁关系。谁对房屋租赁关系存在的事实承担举证责任？

（14）原告请求确认法律关系不成立或不存在。如何分配举证责任？

（15）私自录音能否作为证据使用？应予排除的私录手段主要有哪些？

第三章

民事简易程序

简易程序是基层人民法院及其派出法庭在审理一审简单民事案件时使用的审判程序，包括一般简易程序和小额诉讼程序。在给小组分配案例时，针对比较简单的案件，法官组的同学可以自行判断并选择适用简易程序。在模拟简易程序流程时应熟练掌握其相关内容。

第一节　简易程序的适用

一、简易程序的适用范围

（一）适用的法院

（1）仅限于基层法院及其派出法庭。

（2）中级以上法院审理一审民事案件，以及所有的二审案件、再审案件都不得适用简易程序。

（二）适用的案件

（1）简易程序适用的案件限于事实清楚、权利义务关系明确、争议不大的简单民事案件。

（2）当事人双方约定适用简易程序的非简单案件。

约定适用简易程序的，应当在开庭前提出。口头提出的，记入笔录，由双方当事人签名或者捺印确认。

（三）不适用的案件

（1）起诉时被告下落不明的。

（2）发回重审的。

（3）当事人一方人数众多的。

（4）适用审判监督程序的。

（5）涉及国家利益、社会公共利益的。

（6）第三人起诉请求改变或者撤销生效判决、裁定、调解书的。

（7）其他不宜适用简易程序的案件。同时，已经按照普通程序审理的案件，在开庭后不得转为简易程序审理。

二、简易程序的特点

（一）起诉、受理与答辩方式简易

对简单的民事案件，原告可以口头起诉，被告可以口头答辩。原告口头起诉的，人民法院应当将当事人的姓名、性别、工作单位、住所、联系方式等基本信息，诉讼请求，事实及理由等准确记入笔录，由原告核对无误后签名或者捺印。对当事人提交的证据材料，应当出具收据。被告要求书面答辩的，人民法院可在征得其同意的基础上，合理确定答辩期间。

（二）传唤与送达方式简便

适用简易程序审理案件，人民法院可以采取捎口信、电话、短信、传真、电子邮件等简便方式传唤双方当事人、通知证人和送达裁判文书以外的诉讼文书。

以简便方式送达的开庭通知，未经当事人确认或者没有其他证据证明当事人已经收到的，人民法院不得缺席判决。

（三）审前准备程序简便

适用简易程序案件的举证期限由人民法院确定，也可以由当事人协商一致并经人民法院准许，但不得超过 15 日。

当事人双方均表示不需要举证期限、答辩期间的，人民法院可以立即开庭审理或者确定开庭日期。

（四）适用独任制

简易程序因为案情简单，一律适用独任制。即由一名法官和一名书记员共同审理。

（五）庭审程序简化

适用简易程序的案件，当事人双方可就开庭方式向人民法院提出申请，由人民法院决定是否准许。经当事人双方同意，可以采用视听传输技术等方式开庭。

在开庭审理时，不严格区分法庭调查和法庭辩论两大步骤，也不受法庭调查、法庭辩论先后次序的限制，法官可以根据案件审理的需要灵活掌握，可以合并进行，也可以穿插进行；原则上应当一次开庭完成。

（六）案件审理期限较短

人民法院适用简易程序审理案件，应当在立案之日起 3 个月内审结。审理期限到期后，双方当事人同意继续适用简易程序的，由本院院长批准，可以延长审理期限。延长后的审理期限累计不得超过 6 个月。

（七）裁判文书简化

适用简易程序审理的案件，有下列情形之一的，人民法院在制作判决书、裁定书、调解书时，对认定事实或者裁判理由部分可以适当简化。

（1）当事人达成调解协议并需要制作民事调解书的。

（2）一方当事人明确表示承认对方全部或者部分诉讼请求的。

（3）涉及商业秘密、个人隐私的案件，当事人一方要求简化裁判文书中的相关内容，人民法院认为理由正当的。

（4）当事人双方同意简化的。

（八）重视调解

简易程序对部分民事案件设立了调解前置程序。

（1）婚姻家庭纠纷和继承纠纷。

（2）劳务合同纠纷。

（3）交通事故和工伤事故引起的权利义务关系较为明确的损害赔偿纠纷。

（4）宅基地和相邻关系纠纷。

（5）合伙协议纠纷。

（6）诉讼标的额较小的纠纷。

三、简易程序庭审中法官对特殊情况的处理

（一）在庭审中提高简易案件审理效率的方法

提高简易案件审理效率的方法可考虑以下方面：

（1）视情确定合适、灵活的审理模式。

（2）注意归纳案件争议焦点和无争议事实，引导当事人围绕争议焦点进行庭审。

（3）根据案件具体情况，庭审程序可以不受普通程序审理顺序的制约，事实调查阶段也可以结合辩论一起进行。

（4）在庭审进行中，对举质证和辩论情况及时做好归纳、释明等诉讼指导，以控制好庭审节奏，引导当事人顺利完成庭审。

（5）根据庭审的进展，适时开展调解工作。

（二）在简易程序中审判人员随意打断当事人发言是否妥当

实践中，会出现有的审判人员往往因简易程序案情简单，为了缩短庭审时间，还未等当事人说完就打断等情形。简易程序注重效率并不等于可以忽视公正、随意打断当事人发言，这容易引起当事人不满，达不到息讼服判的效果。因此，审判人员在提高效率的同时，应注意尊重和保护当事人的诉讼权利。若当事人发言确无意义，不宜流露不耐烦情绪而任意打断，可参照以下告知方法："你发表的意见，法庭已注意到（可视情归纳发言要点），请简明扼要陈述（或还有无补充）。"

第二节　小额诉讼程序

一、小额诉讼程序的适用条件

（1）属于事实清楚、权利义务关系明确、争议不大的简单民事案件。

（2）争议的标的额应当在各省、自治区、直辖市上年度就业人员平均工资30%以下。

二、小额诉讼程序的适用案件范围

下列金钱给付的案件，适用小额诉讼程序审理：

（1）买卖合同、借款合同、租赁合同纠纷。

（2）身份关系清楚，仅在给付的数额、时间、方式上存在争议的赡养费、抚育费、扶养费纠纷。

（3）责任明确，仅在给付的数额、时间、方式上存在争议的交通事故损害赔偿和其他人身损害赔偿纠纷。

（4）供用水、电、气、热力合同纠纷案件。

（5）银行卡纠纷。

（6）劳动关系清楚，仅在劳动报酬、工伤医疗费、经济补偿金或者赔偿金给付数额和给付数额、时间、方式上存在争议的劳动合同纠纷。

（7）劳务关系清楚，仅在劳务报酬给付数额、时间、方式上存在争议的劳务合同纠纷。

（8）物业、电信等服务合同纠纷。

（9）其他金钱给付纠纷。

三、不适用小额诉讼程序审理的案件

（1）人身关系、财产确权纠纷。

（2）涉外民事纠纷。

（3）知识产权纠纷。

（4）需要评估、鉴定或者对诉前评估、鉴定结果有异议的纠纷。

（5）其他不宜适用一审终审的纠纷。

四、小额诉讼程序的特点

（1）小额诉讼程序是特别简易之程序。

小额诉讼在普通简易程序的基础上更为简易，例如，小额诉讼中如果需要举证期限的最多不超过 7 日；当事人到庭后表示不需要举证期限和答辩期间的，人民法院可立即开庭审理；裁判文书可以更加简化，主要记载当事人基本信息、诉讼请求、裁判主文等内容。

（2）小额诉讼程序中更加重视法院的告知程序及异议处理。

人民法院受理小额诉讼案件，应当向当事人告知该类案件的审判组织、一审终审、审理期限、诉讼费用缴纳标准等相关事项。

当事人对小额诉讼案件提出管辖异议的，人民法院应当做出裁定。裁定一经做出即生效。

人民法院受理小额诉讼案件后，发现起诉不符合《民事诉讼法》第 119 条规定的起诉条件的，裁定驳回起诉。裁定一经做出即生效。

（3）小额诉讼实行一审终审，但可以申请再审。

五、普通程序与简易程序、小额程序的转化

（一）简易程序转普通程序

（1）人民法院发现案情复杂，需要转为普通程序审理的，应当在审理期限届满前作出裁定并将合议庭组成人员及相关事项书面通知双方当事人。

（2）当事人就案件适用简易程序提出异议，人民法院经审查，异议成立的，裁定转为普通程序；异议不成立的，口头告知当事人，并记入笔录。

转为普通程序的，人民法院应当将合议庭组成人员及相关事项以书面形式通知双方当事人。转为普通程序前，双方当事人已确认的事实，可以不再进行举证、质证。案件转为普通程序审理的，审理期限自人民法院立案之日起计算。

（二）普通程序转简易程序

（1）基层人民法院适用第一审普通程序审理的民事案件，当事人各方自愿选择适用简易程序，经人民法院审查同意的，可以适用简易程序审理。

（2）已经按照普通程序审理的案件，在开庭后不得转为简易程序审理。

3. 小额诉讼转简易、普通程序

（1）因当事人申请增加或者变更诉讼请求、提出反诉、追加当事人等，致使案件不符合小额诉讼案件条件的，应当适用简易程序的其他规定审理。

（2）前款规定案件，应当适用普通程序审理的，裁定转为普通程序。

适用简易程序的其他规定或者普通程序审理前，双方当事人已确认的事实，可以不再进行举证、质证。

当事人对按照小额诉讼案件审理有异议的，应当在开庭前提出。人民法院经审查，异议成立的，适用简易程序的其他规定审理；异议不成立的，告知当事人，并记入笔录。

六、律师在简易程序中的代理

（1）律师担任简易程序案件当事人的代理人，应向委托人阐明关于简易程序的法律规定。

（2）律师应在开庭前做好随时开庭的准备，在开庭审理过程中，律师可以主动灵活，适时提出证据，向双方发问，对证据进行质证。

（3）适用简易程序审理的案件，发现不符合简易程序适用条件时，律师应当向人民法院提出异议，并建议转为普通程序。

第四章

民事二审普通程序

民事二审普通程序是指当事人对法院尚未发生法律效力的判决、裁定不服，在法定期限内向上一级法院请求对案件进行复审，以撤销或变更原审判决、裁定，上一级法院据此对案件进行审判所适用的程序。在实训中可根据情况选择适用。

第一节　上诉与受理

一、提起上诉的条件

（1）上诉人与被上诉人须适格。

（2）上诉的客体必须是法律规定可以提起上诉的判决、裁定。

（3）必须在法定期限内提起。不服判决的上诉期间为 15 日，不服裁定的上诉期间为 10 日，均从判决或裁定送达给当事人的次日起开始计算。

（4）上诉须采用书面形式。

上诉状的格式参照起诉状的格式。上诉状的内容，应当包括当事人的姓名、法人的名称及其法定代表人的姓名或者其他组织的名称及其主要负责人的姓名；原审人民法院名称、案件编号和案由；上诉的请求和理由。

【范例】

民事上诉状 *

上诉人（原审被告）：中华联合财产保险股份有限公司东新中心支公司。

负责人：金涛，该公司总经理。

被上诉人（原审原告）：王娟，女，汉族，1970年10月12日出生，住南川省云塘县白云镇四合村15组（系张小明妻子）。

被上诉人（原审原告）：张军，男，汉族，1938年1月23日出生，住南川省云塘县白云镇四合村15组（系张小明父亲）。

被上诉人（原审原告）：吴芳，女，汉族，1944年9月20日出生，住南川省云塘县白云镇四合村15组（系张小明母亲）。

被上诉人（原审原告）：张璐，女，汉族，1992年3月12日出生，住南川省云塘县白云镇四合村15组（系张小明女儿）。

被上诉人（原审原告）：张婷，女，汉族，1995年1月29日出生，住南川省云塘县白云镇四合村15组（系张小明女儿）。

被上诉人（原审原告）：张伟，男，汉族，2000年8月20日出生，住南川省云塘县白云镇四合村15组（系张小明之子）。

被上诉人（原审被告）：张建国，男，汉族，1983年6月24日出生，住中江省新阳市罗林村1组。

被上诉人（原审被告）：新阳得利物流有限公司，住所地：中江省新阳市海川工业园区6幢。

被上诉人（原审被告）：东新平安顺物流有限公司黄江分公司，住所地：中江省东新市创新路234号。

上诉人因王娟、张军、吴芳、张璐、张婷、张伟诉被告张建国、新阳

---

* 此案例为真实案例，为保护当事人隐私，人名、地名均为虚构。

得利物流有限公司、东新平安顺物流有限公司黄江分公司、中华联合财产保险股份有限公司东新中心支公司交通事故责任纠纷一案，不服南国市青石板区人民法院（2018）南 0710 民初 1362 号民事判决，现提起上诉。

上诉请求：

1. 请求二审法院撤销南国市青石板区人民法院（2018）南 0710 民初 1362 号民事判决，依法改判上诉人不承担赔偿责任。

2. 一审、二审讼费用应由被上诉人承担。

理由如下：

一、本次事故是受害人与单独停在路边的挂车中 A8798 挂发生碰撞导致，事故发生时该挂车并未与上诉人承保的中 D6566 号牵引车连接使用。一审法院依据中保协（2013）37 号文件《挂车免投保交强险实务处理规程》判决应当在上诉人承保的牵引车交强险内承担赔偿责任是并不符合该文件的规定。依据该文件，挂车未投保交强险或交强险已过保险止期的在牵引车的交强险分项赔偿限额内承担赔偿责任适用情况仅针对主挂连接一体使用时，但本案中主挂车并未连接一体使用，一审法院忽略了主挂车分开时为两个独立个体的事实，片面地认为挂车可不投保交强险情况下，是否连接使用，主挂车都可以共同使用牵引车的交强险。同时，这与判决中一审法院认可主挂车分离时应当各自承担赔偿责任的观点存在矛盾。

二、挂车属于在保险条款定义是非机动车。而且一旦主挂车分离，已经与主车无关，属于可移动的财产，而不是可移动的与主挂车视为一体的机动车。因此，不应按照机动车判决承担赔偿责任，同时，也无证据显示中 A8798 挂由上诉人承保的中 D6566 号牵引车牵引至事故地点，请法院调查核实事故当时真实情况。

三、本案中受害人为农村户籍，一审时并未提供能证明其事故发生前已在城镇居住、工作满一年以上的证据，一审法院按照城镇标准计算其各项赔偿不符合相关规定。

综上所述，一审法院认定事实不清，适用法律错误，请求贵院依法支持上诉人的诉讼请求！

此致

南国市第四中级人民法院

上诉人：中华联合财产保险股份有限公司东新中心支公司

2018 年 7 月 19 日

附：本上诉状副本 9 份

二、上诉和受理的程序

上诉状应通过原审法院提出，并按照对方当事人或代表人的人数提出副本。当事人直接向二审法院上诉的，二审法院应在 5 日内将上诉状移交原审法院。

原审法院在收到上诉状后，应当在 5 日内将上诉状副本送达对方当事人，并告知其在 15 日内提出答辩状（答辩状的书写基本同一审答辩状，不予累述）。人民法院应当在收到答辩状之日起 5 日内将副本送达上诉人，对方当事人不提出答辩状的，不影响法院审理。

原审法院收到上诉状、答辩状后，应当在 5 日内连同全部案卷和证据，报送二审法院。

二审法院接到一审法院报送的全部案卷材料后，应首先审查上诉人的上诉是否符合法定条件，符合条件的 5 日内立案。

第二节　上诉案件的审理

一、上诉案件的审理范围

二审人民法院应当围绕当事人的上诉请求进行审理。当事人没有提出请求的，不予审理，但一审判决违反法律禁止性规定，或者损害国家利益、社会公共利益、他人合法权益的除外。

二、上诉案件的审判组织

二审程序一律实行合议制。上诉合议庭人员构成全部是职业法官，人民陪审员不能参加。

三、上诉案件的审理方式

上诉案件原则上都要由合议庭主持开庭审判，不开庭审理作为例外。根据《民事诉讼法》的规定，以下两种情况下可以不开庭审理。

（1）当事人没有提出新的事实、证据或者理由。

（2）合议庭认为不需要开庭审理。

此外，民事诉讼司法解释对不需要开庭审理的情况又做出了以下补充规定：

（1）不服不予受理、管辖权异议和驳回起诉裁定的。

（2）当事人提出的上诉请求明显不能成立的。

（3）原判决、裁定认定事实清楚，但适用法律错误的。

（4）原判决严重违反法定程序，需要发回重审的。

四、上诉案件的审前准备

开庭审理的上诉案件，二审人民法院可以比照一审，通过要求当事人交换证据等方式明确争议焦点来进行审理前的准备。

五、上诉案件的调解与和解

根据《民事诉讼法》的规定，二审法院审理上诉案件，可以进行调解。调解达成协议，应当制作调解书，由审判人员、书记员署名，加盖法院印章。调解书送达后，原审法院的判决即视为撤销。

当事人在二审程序中达成和解协议的，人民法院可以根据当事人的请求，对双方达成的和解协议进行审查并制作调解书送达当事人；因和解而申请撤诉，经审查符合撤诉条件的，人民法院应予准许。

六、上诉案件的裁判

（1）原判决、裁定认定事实清楚，适用法律正确的，以判决、裁定方式驳回上诉，维持原判决、裁定。

（2）原判决、裁定认定事实错误或适用法律错误的，以判决、裁定方式依法改判、撤销或者变更。

（3）原判决认定基本事实不清的，裁定撤销原判决，发回原审人民法院重审，或者查清事实后改判。

（4）原判决遗漏当事人或者违法缺席判决等严重违反法定程序的，裁定撤销原判决，发回原审人民法院重审。其他可以认定为严重违反法定程序的情形包括：审判组织的组成不合法的；应当回避的审判人员未回避的；无诉讼行为能力人未经法定代理人代为诉讼的；违法剥夺当事人辩论权利的。

（5）裁定撤销原判决，驳回起诉。人民法院依照二审程序审理的案件，如果认为不应由法院受理的，可以由二审法院直接裁定撤销原判，驳回起诉。

（6）人民法院依照二审程序审理案件，认为一审人民法院受理案件违反专属管辖规定的，应当裁定撤销原裁判并移送有管辖权的人民法院。

（7）二审法院对不服一审法院裁定的上诉案件的处理，也一律使用裁定。对于原裁定认定事实清楚、证据充分、适用法律正确的，裁定驳回上诉，维持原裁定；原裁定认定事实不清或证据不足，适用法律错误的，裁定撤销原裁定，并分别做出正确的处理。

七、上诉案件的审理期限

根据《民事诉讼法》的规定：人民法院审理对判决的上诉案件，应当在二审立案之日起 3 个月内审结。有特殊情况需要延长的，由本院院长批准。人民法院审理对裁定的上诉案件，应当在二审立案之日起 30 日内做出终审裁定。有特殊情况需要延长审限的，由本院院长批准。

八、法官对二审庭审中的特殊情况的处理

（一）二审案件的庭审应如何与一审相衔接

实践中，二审案件庭审存在不注意与一审相衔接，甚至抛开一审进行庭审的问题，比如，当事人对关键事实的陈述，二审不注意与其一审的陈述核对；一审已询问无异议的事实，二审重复询问，未区分二审审理范围与一审的不同；二审提供的证据材料，不注意核对一审卷宗是否已有，等等。这些情形均没有充分利用一审的审理资源，既影响庭审效率，也影响庭审效果。因此，二审应在以下方面注意与一审衔接。

（1）在当事人陈述上诉诉辩意见后，审判人员可归纳明确双方对一审无争议的事实以及二审需要继续审查的争议焦点和相关事实。

（2）对有关争议焦点的证据，应归纳一审对证据认定的情况，以及二审需进一步审查的异议证据。

（3）注意核对当事人在一审、二审的陈述意见，并就有关不清楚的事实进一步询问。

（二）二审是否需询问当事人"是否有新的证据提供"

二审虽然未必每案均有新的证据，但提供新的证据仍然是当事人在二审中的诉讼权利，故二审程序中，审判人员宜询问当事人"是否有新的证据提供"。对于庭前已了解的当事人确无新的证据提供的，庭审中也不应省略该询问，以在庭审笔录中固定"无新证据"的情况。

（三）当事人二审提交的证据材料，当庭审理步骤应注意的问题

实践中，有些审判人员对当事人二审提交证据的情形不加区分，存在对当事人重复提交且一审已质证过的证据再予质证等情况，既浪费审判资源，又影响审判效率，而且当事人很可能借此"反言"，推翻或修正一审陈述，给审理增加不必要的难度。当事人在二审中提供证据材料的情形主要有三种：第一种是一审已提供过，但未被采纳认定，当事人认为有必要在二审阶段再次提供；第二种是当事人向一审提供过，但因超过举证期限

等故而未被审判人员接收或组织质证；第三种是一审未提供过的新证据材料。对上述第一种情形，因一审已质证过，故不属二审新证据范畴，二审无须审查；第三种情形，二审则需审查是否构成新的证据，若构成新证据的，还须质证；第二种情形较为复杂，需先了解一审未接收或未组织质证的原因，然后再判断是否构成新证据。具体可参照如下步骤：

（1）仔细核对一审案卷，查明该证据是否在一审已提交过。

（2）若一审案卷已保存且质证过的，应明确告知当事人该证据不属于二审新证据范围，无须重新质证。

（3）若一审卷宗中无接受或质证记载的，应注意询问未在一审提供的原因。具体分两种情况：对于当事人声称曾向一审法院提供过的，可注意向对方当事人询问了解，必要时向一审法院核实。若当事人确曾提供过而未被一审法院接收的，还需注意审查一审是否有逾期提交、申请延期、提交困难等情况，再确定二审是否接收。对于确属二审阶段新提交证据材料的，应审查是否构成新证据，构成的，组织质证。

（4）上述审查内容应注意记明笔录。

九、二审程序中的律师代理

（1）律师事务所接受二审当事人委托的手续与一审相同。

（2）律师可以根据二审当事人的请求，代其书写上诉状或上诉答辩。

（3）没有参加一审诉讼的律师担任二审代理人，应及时到法院查阅案卷，并复制有关案卷资料，必要时应与一审律师取得联系，尽可能地全面了解一审情况。

（4）律师在查阅一审案卷时，可对以下几方面作重点审查。

①一审认定事实是否清楚、完整，有无前后矛盾。

②一审证据是否充分、确凿，有无未经质证的证据作为判决裁定的依据；有无不该采信的证据采信了，该采信的却没有采信；证据相互之间有无矛盾。

③一审认定的事实与判决、裁定的结果是否具备必然的逻辑联系。

④一审适用法律是否得当，适用的法律条文与案件性质、主要事实是否一致，有无适用已经废止的行政法规、地方性法规及司法解释。

⑤一审程序有无影响案件正确判决的违法情况。

（5）对当事人在一审中已提出的诉讼请求或反诉请求，原审法院未作审理判决的，或判决结果超出诉讼请求范围的，律师应代当事人请求二审法院调解或发回重审。

（6）在二审时，原审原告或有独立请求权的第三人增加诉讼请求，或原审被告提出或增加反诉请求，律师应建议二审法院调解或发回重审。

（7）律师应根据一审情况，及时做好证据补救工作，尽量收集支持本方主张，反驳对方主张的新证据。

（8）二审案件开庭审理的，律师参加庭审的规则与一审相同。二审案件不开庭审理的，律师应及时提交书面代理词。

（9）二审期间发现新的重要证据，或者有理由说明作为一审判决依据的主要证据不能成立，或者出现其他可能直接影响案件结果的情况，律师可建议二审法院开庭审理。

第五章

民事再审程序

第一节　再审程序的概述

一、再审程序的概念

再审程序，是指法院基于一定的事由，对判决、裁定或者调解书已经发生法律效力的案件再一次进行审理并作出裁判所适用的审判程序。其主要是在一审普通程序和二审普通程序的基础上演变而来，所以在实训中，可不予模拟，但基于对程序完整性的考虑，依然需要对其具体流程加以熟悉。

二、再审程序的特点

（1）再审程序的对象主要是法院已生效的判决、裁定和调解书。

（2）再审发动主体具有特殊性，包括当事人、法院、检察院和案外人。

（3）再审程序的提起需具备法定事由。

（4）再审案件的审理法院主要是原审法院的上一级，也可能是原审法院或原审法院同级的其他人民法院。

第二节　再审的提起

一、当事人申请再审

（一）当事人申请再审的条件

（1）申请再审的主体应当是诉讼当事人。

（2）申请再审的对象应当是法律允许再审的生效判决、裁定和调解书。

（3）对生效判决和裁定提起再审的必须符合《民事诉讼法》第200条规定的法定再审事由。对调解书提起再审的必须是原调解违背了自愿原则或调解书的内容违反了禁止性法律的规定。

（4）向有再审管辖权的法院申请。

（5）应当在判决、裁定生效后的6个月内提出，如果当事人有新的证据足以推翻原判决、裁定，原判决裁定认定的主要事实是伪造的，据以作出原判决、裁定的法律文书被撤销或者变更，或原审审判人员在审理该案时有贪污受贿、徇私舞弊、枉法裁判行为等为由申请再审的，再审申请期间从知道或应当知道相关事项之日起计算6个月。

（6）申请再审必须提交再审申请书及其他法律规定的材料。

（二）当事人申请再审的程序与方式

当事人申请再审，原则上应当向原审法院的上一级法院提出申请。当事人一方人数众多或者当事人双方为公民的案件，也可以向原审法院申请再审；当事人分别向原审法院和上一级法院申请再审且不能协商一致的，由原审法院受理。

申请再审时，当事人应当提交再审申请书，已经发生法律效力的判决书、裁定书、调解书，身份证明及相关证据材料，并按对方当事人人数提供申请书副本。

人民法院应当自收到再审申请书之日起 5 日内向申请人发送受理通知书，向被申请人及原审其他当事人发送申请书副本、应诉通知书。对方当事人应当自收到再审申请书副本之日起 15 日内提交书面意见；不提交书面意见的，不影响人民法院审查。人民法院可以要求申请人和对方当事人补充有关材料，询问有关事项。

二、案外人申请再审

（一）执行程序外的案外人申请再审

必须共同进行诉讼的当事人因不能归责于本人或者其诉讼代理人的事由未参加诉讼的，可以自知道或者应当知道之日起 6 个月内申请再审。

人民法院裁定再审，按照一审程序再审的，应当追加其为当事人，做出新的判决、裁定；按照二审程序再审，经调解不能达成协议的，应当撤销原判决、裁定，发回重审，重审时应追加其为当事人。

（二）执行程序中的案外人申请再审的条件

（1）在强制执行过程中，案外人对执行标的提出书面异议，认为原判决、裁定、调解书内容错误损害其民事权益，执行法院以异议不成立为由裁定驳回。

（2）案外人对裁定不服。

（3）自执行异议裁定送达之日起 6 个月内提出。

（4）向作出原判决、裁定、调解书的人民法院提出。

符合以上条件，人民法院裁定再审后，案外人属于必要的共同诉讼当事人的，比照执行案外人再审的程序审理。

案外人不是必要的共同诉讼当事人的，人民法院仅审理原判决、裁定、调解书对其民事权益造成损害的内容。经审理，再审请求成立的，撤销或者改变原判决、裁定、调解书；再审请求不成立的，维持原判决、裁定、调解书。

三、法院依职权决定再审

（一）法定事由

人民法院如果发现生效判决、裁定和调解书"确有错误，认为需要再审的"，有权通过一定程序启动再审。

（二）法院提起再审的程序

（1）各级法院院长发现本院已生效的判决、裁定确有错误时，应当提交审判委员会讨论，由审判委员会决定是否再审。

（2）最高人民法院对地方各级法院生效文书发现确有错误的，可以提审或指令下级人民法院再审。

（3）上级法院对下级法院已生效文书发现确有错误的，可以提审或指令再审。

四、检察院提起再审

（一）检察院提起再审的方式

检察院法定再审的方式有两种：检察建议和抗诉。前者是指人民检察院对一些民事申诉案件，不采取抗诉方式启动再审程序，而是向人民法院提出检察建议，由人民法院自行启动再审程序进行重新审理。后者是人民检察院对人民法院做出的生效裁判认为确有错误，或者发现调解书损害国家利益、社会公共利益时，依法向人民法院提出重新审理要求的诉讼活动。

（二）检察院提起再审的条件

（1）检察院发动再审应当保持谦抑性，尊重当事人申请再审的诉权，奉行申请再审优先原则。

（2）针对已生效判决、裁定和调解书提起。

（3）对生效判决和裁定提起的再审应符合《民事诉讼法》第200条规定的法定事由。对调解书提起再审的事由应当是调解书损害了国家利益和社会公共利益。

（三）检察院提起再审的程序

（1）地方各级人民检察院对于同级人民法院已经生效的裁判，发现具有应当抗诉的情形的，只能对同级法院提出检察建议，或提请上一级人民检察院依照审判监督程序提起抗诉。

（2）最高人民检察院对各级法院已经发生法律效力的裁判，上级检察院对下级法院已经发生法律效力的裁判，经审查符合抗诉条件的，可以提出抗诉。

（四）当事人向检察院申请抗诉或检察建议

（1）有下列情形的，当事人可以向检察院申请抗诉或检察建议：

①人民法院驳回再审申请的。

②人民法院逾期未对再审申请做出裁定的。

③再审判决、裁定有明显错误的。

人民检察院对当事人的申请应当在3个月内进行审查，做出提出或者不予提出检察建议或者抗诉的决定。当事人不得再次向人民检察院申请检察建议或者抗诉。

（2）人民检察院依当事人的申请对生效判决、裁定提出抗诉，应符合下列条件：

①抗诉书和原审当事人申请书及相关证据材料已经提交。

②抗诉对象为可以进行再审的判决、裁定。

③抗诉书列明该判决、裁定符合法定事由。

④当事人因法院驳回再审申请或逾期未对再审申请做出裁定而向检察院申请抗诉。

符合条件的，法院应当在30日内裁定再审。

（3）人民检察院依当事人的申请对生效判决、裁定提出检察建议，应符合下列条件：

①再审检察建议书和原审当事人申请书及相关证据材料已经提交。

②建议再审的对象为可以进行再审的判决、裁定。

③再审检察建议书列明该判决、裁定符合法定再审事由的。

④当事人因法院驳回再审申请或逾期未对再审申请做出裁定而向检察院申请建议。

⑤再审检察建议经该人民检察院检察委员会讨论决定。

人民法院收到再审检察建议后，应当组成合议庭，在3个月内进行审查，发现原判决、裁定、调解书确有错误，需要再审的，裁定再审，并通知当事人；经审查，决定不予再审的，应当书面回复人民检察院。

人民法院审理因人民检察院抗诉或者检察建议裁定再审的案件，不受此前已经作出的驳回当事人再审申请裁定的影响。

第三节　再审案件的审理与裁判

一、再审案件的管辖权

（1）因当事人申请裁定再审的案件由中级人民法院以上的人民法院审理，但当事人依照《民事诉讼法》第199条的规定选择向基层人民法院申请再审的除外。最高人民法院、高级人民法院裁定再审的案件，由本院再审或者交其他人民法院再审，也可以交原审人民法院再审。

（2）人民检察院提出抗诉的案件，有《民事诉讼法》第200条第（1）～（5）项规定情形之一的，可以交下一级人民法院再审，但经该下一级人民法院再审的除外。

二、再审审查范围

再审程序的审查范围应限于再审事由。当事人超出原审范围增加、变更诉讼请求的，不予审理，符合另案诉讼条件的，告知另行起诉。

申请人及原审其他当事人在庭审辩论结束前提出的再审请求，符合再审提起的诉讼期间，人民法院应当一并审理。

人民法院经再审，发现已经发生法律效力的判决、裁定损害国家利益、社会公共利益、他人合法权益的，应当一并审理。

三、审理程序

（一）裁定中止原生效文书的执行

追索赡养费、抚养费、抚育费、抚恤金、医疗费、劳动报酬等案件，可以不中止。

（二）适用程序

再审案件的审理，原生效裁判由一审法院做出的，按照一审程序审理，所做的判决、裁定，当事人可以上诉；原生效裁判由二审法院做出的，以及上级法院提审的案件，按照二审程序审理，所做的判决、裁定，是发生法律效力的判决、裁定。

（三）审理方式

人民法院审理再审案件应当开庭审理。但按照二审程序审理的，双方当事人已经通过其他方式充分表达意见，且书面同意不开庭审理的除外。

（四）再审程序中的撤回起诉

一审原告在再审审理程序中申请撤回起诉的，经其他当事人同意，且不损害国家利益、社会公共利益、他人合法权益的，人民法院可以准许。裁定准许撤诉的，应当一并撤销原判决。

一审原告在再审审理程序中撤回起诉后重复起诉的，人民法院不予受理。

（五）再审审理中的调解

部分当事人到庭并达成调解协议，其他当事人未作出书面表示的，人民法院应当在判决中对该事实作出表述；调解协议内容不违反法律规定，且不损害其他当事人合法权益的，可以在判决主文中予以确认。

（六）　再审程序的终结

（1）再审申请人在再审期间撤回再审请求，人民法院准许的。

（2）再审申请人经传票传唤，无正当理由拒不到庭的，或者未经法庭许可中途退庭，按撤回再审请求处理的。

（3）人民检察院撤回抗诉的。

（4）有《民事诉讼法司法解释》第402条第（1）～（4）项规定情形的。

因人民检察院提出抗诉裁定再审的案件，申请抗诉的当事人有前款规定的情形，且不损害国家利益、社会公共利益或者他人合法权益的，人民法院应当裁定终结再审程序。

四、再审案件的裁判

（一）　对民事裁判案件的再审

（1）人民法院经再审审理认为，原判决、裁定认定事实清楚、适用法律正确的，应予维持；原判决、裁定认定事实、适用法律虽有瑕疵，但裁判结果正确的，应当在再审判决、裁定中纠正瑕疵后予以维持。

（2）原判决、裁定认定事实、适用法律错误，导致裁判结果错误的，应当依法改判、撤销或者变更。

（3）再审中发现一审起诉就不符合起诉条件或有不予受理情形的，应当裁定撤销一审、二审判决，驳回起诉。

（二）　对调解书的再审

（1）当事人提出的调解违反自愿原则的事由不成立，且调解书的内容不违反法律强制性规定的，裁定驳回再审申请。

（2）人民检察院抗诉或者再审检察建议所主张的损害国家利益、社会公共利益的理由不成立的，裁定终结再审程序。

五、再审程序中的律师代理

（1）律师可以接受当事人的委托，代理当事人提出再审申请，申请再审应在法律规定的期限内进行。

（2）下列案件律师不得代理申请再审。

①判决解除婚姻关系的案件。

②按照督促程序、公示催告程序、企业法人破产还债程序审理的案件。

③依照审判监督程序审理后维持原判的案件。

（3）律师代当事人提出申诉和再审申请，应让当事人提供尽可能详细的一审、二审诉讼情况，提交尽可能完整的证据材料和诉讼文书，必要时可与一审、二审代理人取得联系，以便全面掌握案情。

（4）律师查阅有关材料，可着重审查是否具备以下几方面申诉理由。

①发现了新的重要证据，使原判决、裁定的基础丧失。

②原判决、裁定认定事实的重要证据不足或是伪造的，或者有充足理由说明主要证据不能成立。

③原判决、裁定适用法律确有错误，或适用的法律与认定的事实之间缺乏必然的逻辑联系。

④原审违反法定程序，或者审判人员有贪污受贿、徇私舞弊、枉法裁判等行为，已经影响或可能影响案件公正审理的。

⑤有足够的证据证明调解违反自愿原则和调解协议内容违法。

（5）申请书不能使用攻击、侮辱原审法院或法官的用语。

（6）律师代当事人递交申诉状和再审申请的同时，可向法院提出中止执行的申请。

（7）人民检察院认为申诉理由成立，向人民法院提出抗诉的，在人民检察院派员出席法庭的情况下，律师仍可担任再审案件当事人的诉讼代理人出庭代理。

（8）人民法院审理再审案件，如果是按一审程序进行的，律师从事诉讼代理的规则与一审规则相同，如果是按二审程序进行的，则与二审规则相同。

第六章

民事审判实训常用法律文书格式

第一节　当事人用法律文书格式

一、民事起诉状

民事起诉状

原告：＿＿＿＿＿＿＿（写明原告的姓名、性别、出生年月日、民族、职业、工作单位和住所、联系电话等基本情况）（如是法人或其他组织的，则写明单位全称、地址、法定代表人或负责人姓名、职务、联系电话等基本情况）

被告：＿＿＿＿＿＿＿（同上）

诉讼请求：＿＿＿＿＿＿＿＿＿＿＿＿＿＿＿＿＿＿＿＿＿＿＿

（列举明确具体的诉讼请求，多项诉讼请求的分别列出）

事实和理由：＿＿＿＿＿＿＿＿＿＿＿＿＿＿＿＿＿＿＿＿＿＿

（简要概述起诉的事实和理由）

证据和证据来源，证人姓名和住址：＿＿＿＿＿＿＿＿＿＿＿＿

此致

×××人民法院

起诉人：×××

××××年×月×日

附：本诉状副本×份

二、民事答辩状

民事答辩状

答辩人：＿＿＿＿＿＿＿（写明姓名或名称等基本情况）

答辩人因＿＿＿＿＿＿一案，提出答辩意见如下：

＿＿＿＿＿＿＿＿＿＿＿＿＿＿＿＿＿＿＿＿＿＿＿＿＿＿＿

（阐明答辩观点、事实与理由）

此致

×××人民法院

答辩人：×××

××××年×月×日

附：答辩状副本×份

三、民事反诉状

民事反诉状

反诉人（本诉被告）：＿＿＿＿＿＿＿（写明姓名或名称等基本情况）

被反诉人（本诉原告）：＿＿＿＿＿＿＿（写明姓名或名称等基本情况）

反诉请求：＿＿＿＿＿＿＿＿＿＿＿＿＿＿＿＿＿＿＿＿＿＿＿

（列举明确具体的诉讼请求，多项诉讼请求的分别列出）

事实和理由：＿＿＿＿＿＿＿＿＿＿＿＿＿＿＿＿＿＿＿＿＿＿

（简要概述反诉的事实和理由）

证据和证据来源，证人姓名和住址：＿＿＿＿＿＿＿＿＿＿＿＿

此致

×××人民法院

反诉人：×××

×××年×月×日

附：本诉状副本×份（按被反诉人人数确定份数）

四、民事上诉状

民事上诉状

上诉人：＿＿＿＿＿＿＿（写明姓名或名称等基本情况）

被上诉人：＿＿＿＿＿＿＿（写明姓名或名称等基本情况）

上诉人因＿＿＿＿＿＿＿（写明案由，即纠纷的性质）一案不服×××
×人民法院（写明一审法院名称）×××××第×××号××判决（或裁
定），现提出上诉。

上诉请求：＿＿＿＿＿＿＿＿＿＿＿＿＿＿＿＿＿＿＿＿＿＿＿＿＿

（写明提出上诉所要达到的目的）

事实和理由：＿＿＿＿＿＿＿＿＿＿＿＿＿＿＿＿＿＿＿＿＿＿＿＿

（写明上诉的事实依据和法律依据，应针对一审判决认定事实、适用
法律或审判程序上存在的问题和错误陈述理由）

此致

×××× 人民法院

上诉人：×××

×××年×月×日

附：本上诉状副本×份（按被上诉人人数确定份数）

五、申请书

（一）财产保全申请书

财产保全申请书

申请人：＿＿＿＿＿＿＿＿（写明姓名或名称等基本情况）

被申请人：＿＿＿＿＿＿＿＿（写明姓名或名称等基本情况）

请求事项：

请求人民法院对被申请人的下列财产进行诉讼保全＿＿＿＿＿＿＿＿

（写明财产的位置、数量、金额等情况，多项财产可逐条列明）

本申请人提供如下担保：＿＿＿＿＿＿＿＿＿＿＿＿＿＿＿＿＿＿

特此申请。

此致

×××人民法院

申请人：×××

××××年×月×日

（二）证据保全申请书

证据保全申请书

申请人：＿＿＿＿＿＿＿＿（写明姓名或名称等基本情况）

申请人与×××（对方当事人姓名或名称）因＿＿＿＿＿＿＿＿（案由）一案已于××年×月×日向你院提起诉讼。现因该案＿＿＿＿＿＿＿＿（写明具体证据名称及危急情形），为此申请给予保全证据。现将案件事实、理由和具体请求目的分述如下：

请求事项：＿＿＿＿＿＿＿＿＿＿＿＿＿＿＿＿＿＿＿＿＿＿＿＿

事实和理由：＿＿＿＿＿＿＿＿＿＿＿＿＿＿＿＿＿＿＿＿＿＿＿

特此申请

此致

×××人民法院

申请人：×××

×××年×月×日

（三）回避申请书

回避申请书

申请人：＿＿＿＿＿＿＿＿（写明姓名或名称等基本情况）

被申请人：＿＿＿＿＿＿＿＿（写明姓名或名称等基本情况）

请求事项：＿＿＿＿＿＿＿＿＿＿＿＿＿＿＿＿＿＿＿＿＿＿＿＿＿

事实和理由：＿＿＿＿＿＿＿＿＿＿＿＿＿＿＿＿＿＿＿＿＿＿＿＿＿

此致

×××人民法院

申请人：×××

×××年×月×日

（四）管辖权异议申请书

管辖权异议申请书

异议人：＿＿＿＿＿＿（写明姓名或名称等基本情况）

异议人因×××年×月×日收到贵院送达的原告＿＿＿＿诉我（单位）＿＿＿＿（案由）纠纷一案，现提出管辖权异议，理由如下：

＿＿＿＿＿＿＿＿＿＿＿＿＿＿＿＿＿＿＿＿＿＿＿＿（具体理由）

特此请求贵院依法将本案移送管辖，交××××人民法院审理，请予准许。

此致

×××人民法院

申请人：×××

×××年×月×日

（五）不公开审理申请书

不公开审理申请书

××××人民法院：

你院受理的×××诉×××＿＿＿＿＿＿（案由）一案，我要求不公开审理，理由如下：

＿＿＿＿＿＿＿＿＿＿＿＿＿＿＿＿＿＿＿＿＿＿＿＿＿＿＿＿＿＿＿＿＿

为此，根据《中华人民共和国民事诉讼法》第一百二十条第二款的规定，特向你院提出不公开审理的申请，请予审查批准。

申请人：×××

××××年×月×日

（六）撤诉申请书

撤诉申请书

申请人：＿＿＿＿＿＿（写明姓名或名称等基本情况）

申请人因＿＿＿＿＿＿（案由）一案，于××年×月×日向你院起诉，已经你院立案受理，现因＿＿＿＿＿＿（陈述具体撤诉理由），特此申请撤回起诉，请予核准。

原告起诉时所附送的证据材料：＿＿＿＿＿＿（写明证据名称）共×件，请予发还。

此致
×××人民法院

申请人：×××

××××年×月×日

（七）强制执行申请书

强制执行申请书

申请人：＿＿＿＿＿＿（写明姓名或名称等基本情况）

被申请人：＿＿＿＿＿＿＿＿（写明姓名或名称等基本情况）

请求事项：＿＿＿＿＿＿＿＿＿＿＿＿＿＿＿＿＿＿

（写明申请人民法院强制执行的标的）

申请强制执行的依据：＿＿＿＿＿＿＿＿（写明申请强制执行所依据的已

发生法律效力的法律文书）

此致

×××人民法院

申请人：×××

×××年×月×日

（八）民事再审申请书

民事再审申请书

申请人：＿＿＿＿＿＿＿＿（写明姓名或名称等基本情况）

申请人×××对××××人民法院××年×月×日（××）×民初

字第×号判决不服，申请再审。

请求事项：＿＿＿＿＿＿＿＿＿＿＿＿＿＿＿＿＿＿＿

事实与理由：＿＿＿＿＿＿＿＿＿＿＿＿＿＿＿＿＿

此致

×××人民法院

申请人：×××

×××年×月×日

附：原审裁判书或调解书复印件×份

六、授权委托书

授权委托书

委托人：＿＿＿＿＿＿＿＿（写明姓名或名称等基本情况）

被委托人：＿＿＿＿＿＿＿＿（写明姓名或名称等基本情况）

现委托上列受委托人在我（单位）与×××因＿＿＿＿＿＿（写明案由）一案中，作为我方诉讼代理人。

代理人＿＿＿＿＿＿的代理权限为：＿＿＿＿＿＿

委托人：×××

×××年×月×日

注：此书一式两份，一份由委托人存查，一份由委托人交由受委托人递交人民法院。

七、代理词

代理词

审判长、审判员：

依照法律规定，受原告（或被告）的委托和×××律师事务所的指派，我担任原告（或被告）×××的诉讼代理人，参与本案诉讼活动。

开庭前，我听取了被代理人的陈述，查阅了本案案卷材料，进行了必要的调查。现发表如下代理意见：

＿＿＿＿＿＿（阐明案件事实、诉讼请求的依据和理由，或阐明反驳原告起诉的事实、诉讼请求的依据和理由。）

＿＿＿＿＿＿＿＿＿＿＿＿＿＿＿＿＿＿＿（提出建议）

以上意见，请予考虑。

×××律师事务所

律师：×××

×××年×月×日

第二节　法院类裁判文书格式

一、民事判决书

（一）第一审民事判决书

×××人民法院

民事判决书

【××××】×民×初字第××号

原告：＿＿＿＿＿＿＿（写明姓名或名称等基本情况）

被告：＿＿＿＿＿＿＿（写明姓名或名称等基本情况）

第三人：＿＿＿＿＿＿＿（写明姓名或名称等基本情况）

原告×××诉被告×××＿＿＿＿＿＿＿（案由）一案，本院受理后，依法组成合议庭（或依法由审判员×××独任审判），公开（或不公开）开庭进行了审理。＿＿＿＿＿＿＿（写明本案当事人及其诉讼代理人等）到庭参加诉讼。本案现已审理终结。

原告×××诉称，＿＿＿＿＿＿＿＿＿＿＿＿＿＿＿＿＿＿＿＿

（概述原告提出的具体诉讼请求和所根据的事实与理由）

被告×××辩称，＿＿＿＿＿＿＿＿＿＿＿＿＿＿＿＿＿＿＿＿

（概述被告答辩的主要内容）

第三人×××述称，＿＿＿＿＿＿＿＿＿＿＿＿＿＿＿＿＿＿＿

（概述第三人的主要意见）

经审理查明，＿＿＿＿＿＿＿＿＿＿＿＿＿＿＿＿＿＿＿＿＿＿

（写明法院认定的事实和证据）

法院认为，＿＿＿＿＿＿＿（写明判决的理由）。依照＿＿＿＿＿＿＿

（写明判决所依据的法律条款项）的规定，判决如下：

_____（写明判决结果）

_____（写明诉讼费用的负担）

　　如不服本判决，可在判决书送达之日起十五日内，向本院递交上诉状，并按对方当事人的人数提出副本，上诉于×××人民法院。

审判长　×××

审判员　×××

审判员　×××

××××年××月××日

（院印）

本件与原本核对无误

书记员　×××

（二）第二审民事判决书

××省××市×级人民法院

民事判决书

【××××】×民终字第××号

上诉人（原审×××）：_____（写明姓名或名称等基本情况）

被上诉人：（原审×××）_____（写明姓名或名称等基本情况）

　　上诉人×××因_____（案由）一案，不服××××人民法院【××××】×民×初字第×号民事判决，向本院提起上诉。本院依法组成合议庭，公开（或不公开）开庭审理了本案。_____（写明本案当事人及其诉讼代理人等）到庭参加诉讼。本案现已审理终结。（未开庭的，写："本院依法组成合议庭审理了本案，现已审理终结。"）

　　原审判决认定，_____

　　（概括写明原审认定的事实和判决结果，简述上诉人提起上诉的请求和主要理由，被上诉人的主要答辩以及第三人的意见。）

经审理查明，_____（写明二审认定的事实和证据）

本院认为，_____

（根据二审查明的事实，针对上诉请求和理由，就原审判决认定事实和适用法律是否正确，上诉理由能否成立，上诉请求是否应予支持以及被上诉人的答辩是否有理等，进行有分析的评论，阐明维持原判或改判的理由。）依照_____（写明判决所依据的法律条款项）的规定，判决如下：

_____（写明判决结果）

_____（写明诉讼费用的负担）

本判决为终审判决。

审判长　×××

审判员　×××

审判员　×××

××××年××月××日

（院印）

本件与原本核对无误

书记员　×××

二、民事调解书

××××人民法院
民事调解书

【××××】×民×初字第××号

原告：_____（写明姓名或名称等基本情况）

被告：_____（写明姓名或名称等基本情况）

第三人：_____（写明姓名或名称等基本情况）

案由：_____

（写明当事人的诉讼请求和案件事实）

本案在审理过程中，经本院主持调解，双方当事人自愿达成如下协议：

_____

（写明协议的内容）

_____

（写明诉讼费用的负担）

上述协议，符合有关法律规定，本院予以确认。

本调解书经双方当事人签收后，即具有法律效力。

审判长：×××

审判员：×××

审判员：×××

××××年××月××日

（院印）

本件与原本核对无误

书记员：×××

三、民事裁定书

（一）不予受理裁定书

××××人民法院

民事裁定书

【××××】×民×初字第××号

起诉人：_____（写明姓名或名称等基本情况）

××年×月×日，本院收到×××的起诉状，_____（写明起诉的事由）。

经审查，本院认为，_____（写明不符合起诉条件而不予受理的理由）。依照《中华人民共和国民事诉讼法》第一百一十二条的规定，裁定如下：

对×××的起诉，本院不予受理。

如不服本裁定，可在裁定书送达之日起十日内，向本院递交上诉状，上诉于×××人民法院。

审判长：×××

审判员：×××

审判员：×××

××××年×月×日

（院印）

本件与原本核对无异

书记员：×××

（二）管辖权异议裁定书

××××人民法院
民事裁定书

【××××】×民×初字第××号

原告：＿＿＿＿＿＿＿＿（写明姓名或名称等基本情况）

被告：＿＿＿＿＿＿＿＿（写明姓名或名称等基本情况）

本院受理＿＿＿＿＿＿＿＿（写明当事人姓名或名称和案由）一案后，被告×××在提交答辩状期间对管辖权提出异议，认为＿＿＿＿＿＿＿＿（写明异议的内容及理由）。

经审查，本院认为，＿＿＿＿＿＿＿＿（写明异议成立或不成立的根据和理由）。依照＿＿＿＿＿＿＿＿（写明裁定所依据的法律条款项）的规定，裁定如下：

＿＿＿＿＿＿＿＿＿＿＿＿＿＿＿＿＿＿（写明裁定结果。分两种情况：第一，异议成立的，写："被告×××对管辖权提出的异议成立，本案移送××××人民法院处理。"第二，异议不成立的，写："驳回被告×××对本案管辖权提出的异议。"）

如不服本裁定，可在裁定书送达之日起十日内，向本院递交上诉状，并按对方当事人的人数提出副本＿＿＿＿＿＿份，上诉于×××人民法院。

审判长：×××

审判员：×××

审判员：×××

××××年×月×日

（院印）

本件与原本核对无异

书记员：×××

（三）驳回起诉裁定书

×××人民法院

民事裁定书

【××××】×民×初字第××号

原告：＿＿＿＿＿＿（写明姓名或名称等基本情况）

被告：＿＿＿＿＿＿（写明姓名或名称等基本情况）

原告×××诉被告×××＿＿＿＿＿＿（写明案由）一案，本院依法进行了审理，现已审理终结。

＿＿＿＿＿＿（简述原告起诉的诉讼请求和理由）。

经审查，本院认为，＿＿＿＿＿＿（写明驳回起诉的理由）。依照＿＿＿＿＿＿（写明裁定所依据的法律条款项）的规定，裁定如下：

驳回×××的起诉。

诉讼费＿＿＿＿＿＿元由原告负担。

如不服本裁定，可在裁定书送达之日起十日内，向本院递交上诉状，并按对方当事人的人数提出副本＿＿＿＿＿＿份，上诉于×××人民法院。

审判长：×××

审判员：×××

审判员：×××

××××年×月×日

（院印）

本件与原本核对无异

书记员：×××

（四）诉前财产保全裁定书

××××人民法院

民事裁定书

【××××】×民保字第×号

申请人：＿＿＿＿＿＿＿（写明姓名或名称等基本情况）

被申请人：＿＿＿＿＿＿＿（写明姓名或名称等基本情况）

申请人×××因＿＿＿＿＿＿＿（写明申请诉前财产保全的原因），××年×月×日向你院提出申请，要求对被申请人＿＿＿＿＿＿＿（写明申请采取财产保全措施的具体内容）。申请人已向本院提供＿＿＿＿＿＿＿（写明担保的财产名称、数量或数额等）担保。

经审查，本院认为，＿＿＿＿＿＿＿（写明采取财产保全的理由）。依照＿＿＿＿＿＿＿（写明裁定所依据的法律条款项）的规定，裁定如下：

＿＿＿＿＿＿＿＿＿＿＿＿＿＿＿＿＿＿（写明对被申请人的财产采取查封、扣押、冻结或者法律规定的其他保全措施的内容。）

申请人应当在裁定书送达之日起十五日内向本院起诉，逾期不起诉的，本院将解除财产保全。

本裁定送达后立即执行。如不服本裁定，可以向本院申请复议一次。复议期间不停止裁定的执行。

审判长：×××

审判员：×××

审判员：×××

×××× 年 × 月 × 日

（院印）

本件与原本核对无异

书记员：×××

（五）诉中财产保全裁定书

×××× 人民法院
民事裁定书

【××××】×民初字第 × 号

原告：＿＿＿＿＿＿＿（写明姓名或名称等基本情况）

被告：＿＿＿＿＿＿＿（写明姓名或名称等基本情况）

本院在审理＿＿＿＿＿＿＿（写明当事人的姓名或名称和案由）一案中，原告（或者被告）×××于××年×月×日向本院提出财产保全的申请，要求对被告（或者原告）×××的财产＿＿＿＿＿＿＿（写明财产的状况）进行保全。原告（或者被告）×××已向本院提供担保＿＿＿＿＿＿＿（写明担保的情况）。

经审查，本院认为，原告（或者被告）×××的申请符合法律规定，依照＿＿＿＿＿＿＿（写明裁定所依据的法律条款项）的规定，裁定如下：

＿＿＿＿＿＿＿＿＿＿＿＿＿＿＿＿＿＿＿＿（写明采取保全措施的内容）

本裁定送达后立即执行。如不服本裁定，可以向本院申请复议一次。复议期间不停止裁定的执行。

审判长：×××

审判员：×××

审判员：×××

×××× 年 × 月 × 日

（院印）

本件与原本核对无异

书记员：×××

（六）解除财产保全裁定书

××××人民法院
民事裁定书

【××××】×民初字第×号

原告（或申请人）：＿＿＿＿＿＿＿（写明姓名或名称等基本情况）

被告（或被申请人）：＿＿＿＿＿＿＿（写明姓名或名称等基本情况）

本院于××年×月×日作出【××××】×民初字第×号财产保全的裁定，现因＿＿＿＿＿＿＿＿＿＿＿＿（写明解除财产保全的理由）。依照＿＿＿＿＿＿＿＿＿＿＿＿（写明裁定所依据的法律条款项）的规定，裁定如下：

解除对×××的＿＿＿＿＿＿＿（写明财产的名称、数量或数额等）的查封（或扣押、冻结等）。

审判长：×××

审判员：×××

审判员：×××

××××年×月×日

（院印）

本件与原本核对无异

书记员：×××

（七）先于执行裁定书

××××人民法院
民事裁定书

【××××】×民初字第×号

原告：＿＿＿＿＿＿＿（写明姓名或名称等基本情况）

被告：＿＿＿＿＿＿＿（写明姓名或名称等基本情况）

本院在审理＿＿＿＿＿＿＿（写明案由）一案中，原告（或者被告）×××于××年×月×日向本院提出了先于执行的申请，要求＿＿＿＿＿＿＿（写明执行的内容）。原告（或者被告）×××已向本院提供担保，＿＿＿＿＿＿＿（写明担保的情况）。

经审查，本院认为，原告（或者被告）×××的申请符合法律规定，依照＿＿＿＿＿＿＿（写明裁定所依据的法律条款项）的规定，裁定如下：

＿＿＿＿＿＿＿＿＿＿＿＿＿＿＿＿＿＿＿＿＿＿＿＿（写明先于执行的内容及其时间和方式）。

本裁定送达后立即执行。如不服本裁定，可以向本院申请复议一次。复议期间不停止裁定的执行。

审判长：×××

审判员：×××

审判员：×××

××××年×月×日

（院印）

本件与原本核对无异

书记员：×××

（八）按撤诉处理裁定书

××××人民法院

民事裁定书

【××××】×民初字第×号

原告：＿＿＿＿＿＿＿（写明姓名或名称等基本情况）

被告：＿＿＿＿＿＿＿（写明姓名或名称等基本情况）

本院在审理＿＿＿＿＿＿＿（写明当事人的姓名或名称和案由）一案中，因＿＿＿＿＿＿＿＿＿（写明按撤诉处理的具体情形），依照＿＿＿＿＿＿＿（写明裁定所依据的法律条款项）的规定，裁定如下：

本案撤诉处理。

本案受理费＿＿＿＿＿＿＿＿元，由原告×××负担。

审判长：×××

审判员：×××

审判员：×××

××××年×月×日

（院印）

本件与原本核对无异

书记员：×××

（九）中止或终结诉讼裁定书

××××人民法院
民事裁定书

【××××】×民初字第×号

原告：＿＿＿＿＿＿＿（写明姓名或名称等基本情况）

被告：＿＿＿＿＿＿＿（写明姓名或名称等基本情况）

本院在审理＿＿＿＿＿＿＿（写明当事人的姓名或名称和案由）一案中，因＿＿＿＿＿＿＿＿＿（写明中止和终结诉讼的事实根据），依照＿＿＿＿＿＿＿（写明裁定所依据的法律条款项）的规定，裁定如下：

＿＿＿＿＿＿＿＿＿＿＿＿＿＿＿＿＿＿＿＿＿＿（写明裁定结果：本案中止诉讼或终结诉讼，并写明诉讼费用的负担）。

审判长：×××

审判员：×××

审判员：×××

××××年×月×日

（院印）

本件与原本核对无异

书记员：×××

（十）中止或终结执行裁判文书裁定书

××××人民法院

民事裁定书

【××××】×执字第×号

_____（写明当事人的姓名或名称和案由）一案，××××人民法院（或本院）于××年×月×日作出【××××】×字第×号民事判决（或裁定、调解书）已经发生法律效力。权利人于××年×月×日向本院申请执行（或由本院_____审判庭移送执行）。

本案在执行过程中，_____（写明应当中止执行或者终结执行的事实根据和理由），依照_____（写明裁定所依据的法律条款项）的规定，裁定如下：

××××人民法院（或本院）的【××××】×字第×号民事判决（或裁定、调解书。如有特定项目的，写明其第×项）中止执行（或终结执行）。

本裁定书送达后立即生效。

执行员：×××

××××年×月×日

（院印）

本件与原本核对无异

书记员：×××

四、民事决定书

（一）回避申请决定书

××××人民法院

对申请回避的决定书

【××××】×民决字第×号

申请人：_____（写明姓名或名称等基本情况）

本院在审理＿＿＿＿＿＿＿（写明当事人的姓名或名称和案由）一案中，申请人＿＿＿＿＿＿＿（写明申请要求回避审判员或者书记员、翻译人员、鉴定人员的姓名和要求回避的理由）。

本院审判长或本院审判委员会讨论认为，＿＿＿＿＿＿＿（写明准许或驳回回避申请的理由）。依照＿＿＿＿＿＿＿（写明准许或驳回申请所依据的法律条款项）的规定，决定如下：

准许（或驳回）×××提出的回避申请。

如不服本决定，可以向本院申请复议一次。

××××年×月×日

（院印）

（二）拘留决定书

×××× 人民法院

拘留决定书

【××××】×民决字第×号

被拘留人：＿＿＿＿＿＿＿（写明姓名或名称等基本情况）

本院在审理（或执行）＿＿＿＿＿＿＿（写明当事人的姓名和案由）一案中，查明＿＿＿＿＿＿＿（写明被拘留人妨害民事诉讼的事实，以及予以拘留的理由）。依照＿＿＿＿＿＿＿（写明作出拘留决定所依据的法律条款项）规定，决定如下：

对×××拘留×日。

如不服本决定，可在收到决定书的次日起三日内，口头或者书面向××××人民法院申请复议一次。复议期间，不停止决定的执行。

××××年×月×日

（院印）

（三）罚款决定书

××××人民法院
罚款决定书

【××××】×民决字第×号

被罚款人：＿＿＿＿＿＿＿＿（写明姓名或名称等基本情况）

本院在审理（或执行）＿＿＿＿＿＿＿＿（写明当事人的姓名和案由）一案中，查明＿＿＿＿＿＿＿＿（写明被拘留人妨害民事诉讼的事实，以及予以罚款的理由）。依照＿＿＿＿＿＿＿＿（写明作出罚款决定所依据的法律条款项）规定，决定如下：

对×××罚款××元，限在××年×月×日前缴纳。

如不服本决定，可在收到决定书的次日起三日内，口头或者书面向×××人民法院申请复议一次。复议期间，不停止决定的执行。

××××年×月×日

（院印）

（四）民事制裁决定书

××××人民法院
民事制裁决定书

【××××】×民决字第×号

被制裁人：＿＿＿＿＿＿＿＿（写明姓名或名称等基本情况）

本院在审理（或执行）＿＿＿＿＿＿＿＿（写明当事人的姓名和案由）一案中，查明＿＿＿＿＿＿＿＿（写明被制裁人违法行为事实，应当给予民事制裁的理由）。依照＿＿＿＿＿＿＿＿（写明作出民事制裁所依据的法律条款项）规定，决定如下：

＿＿＿＿＿＿＿＿＿＿＿＿＿＿＿＿＿＿＿＿＿＿＿＿（写明决定结果）。

如不服本决定，可在收到决定书的次日起十日内，向××××人民法院申请复议一次。复议期间，本决定暂不执行。

××××年×月×日

（院印）

五、通知书

（一）受理案件通知书

××××人民法院
受理案件通知书

【××××】×××字第×号

×××：

你（或你单位）诉＿＿＿＿＿＿＿＿＿＿＿＿＿＿＿（案由）一案的起诉状已收到。经审查，起诉符合法定受理条件，本院决定立案审理。现将有关事项通知如下：

一、在诉讼过程中，当事人必须依法行使诉讼权利，有权行使＿＿＿＿＿＿＿（法律名称与条款）规定的诉讼权利，同时也必须遵守诉讼秩序，履行诉讼义务。

二、应在×年×月×日前向本院＿＿＿＿＿＿审判庭递交当事人身份证明书。如需委托代理人代为诉讼，还须递交由委托人签名并盖章的授权委托书。授权委托书须记明委托事项和权限。

三、应在接到本通知书后＿＿＿＿＿＿日内，向本院预交案件受理费＿＿＿＿＿＿元。本院开户银行：＿＿＿＿＿＿，账号：＿＿＿＿＿＿。

××××年 ×月 ×日

（院印）

（二）应诉通知书

××××人民法院
应诉通知书

【××××】×××字第×号

×××：

本院已受理×××（原告或者上诉人的姓名或名称）诉你方 _____ （案由）纠纷一案，现发送×诉状副本一份，并将有关事项通知如下：

一、当事人在诉讼过程中，有权行使 _____ （法律名称与条款）规定的诉讼权利，同时必须遵守诉讼秩序，履行诉讼义务。

二、你方应当在收到×诉状之日起十五日（涉外案件为三十日）内向本院提交答辩状一式×份。如不按时提交答辩状，不影响本案的审理。

三、法人或者其他组织参加诉讼的，应当提交法人或者其他组织资格证明以及法定代表人身份证明书或者负责人身份证明书。自然人参加诉讼的，应当提交身份证明。

四、需要委托代理人代为诉讼的，应当提交由委托人签名或者盖章的授权委托书，授权委托书应当依照《中华人民共和国民事诉讼法》第五十九条的规定载明委托事项和权限。

××××年×月×日

（院印）

附录一

民事审判实训案例

本章精选了六则案例作为实训示范案例和参考案例，可根据实训人数进行选择和分配。考虑到一审程序的基础性，本章选择的案例主要考虑适用一审普通程序或简易程序，具体由实训中法官组的同学根据案情自行选择。

一、实训目的

（1）掌握民事起诉状、答辩状、代理词、一审判决书等民事诉讼司法文书的撰写。

（2）掌握我国民事一审程序的基本环节和流程。

（3）提高法庭口头表达和应变能力。

（4）培养证据意识和证据运用能力。

（5）提高根据《民法通则》等民事实体法和《民事诉讼法》分析和解决案件的能力。

（6）体会和感悟诉讼双方及法官追求司法公正的伦理要求。

二、实训内容

参与实训的学生进行角色分配后，对案例进行分析和讨论，按照《民事诉讼法》的规定，完成从起诉至宣告判决的全部流程，并制作卷宗。

三、参考案例

参考案例一：陈某 1、陈某 2 等与陈某 3 等继承纠纷

（一）案情简介

原告：陈某 1，女，1960 年 7 月 2 日出生，汉族，住真武市昌汉区。

原告：陈某 2，女，1961 年 8 月 6 日出生，汉族，住真武市清河区。

被告：陈某 3，女，1958 年 9 月 22 日出生，汉族，住真武市清江区。

被告：陈某 4，男，1965 年 6 月 29 日出生，汉族，住真武市东江区。

第三人：陈某 5，女，1942 年 9 月 21 日出生，汉族，住真武市昌汉区。

第三人：陈某 6，男，1952 年 3 月 25 日出生，汉族，住真武市昌汉区。

原告陈某 1、陈某 2 与被告陈某 3、陈某 4，第三人陈某 5、陈某 6 系兄弟姐妹。原告的父亲陈某 7 原系真武市第一砖瓦厂（现已改制为真武市天河建筑材料开发有限公司）职工，在原单位宿舍（新泰宿舍）分配有企业自管房住房一套，面积约 66 平方米。原告陈某 1、陈某 2 主张：2007 年，该房屋由于年久失修成为危房无法居住，原告陈某 1、陈某 2 为解决居住问题，与兄弟姐妹协商共同出资修缮扩建该房屋，其他兄弟姐妹均表示不居住该房屋，也不出资修缮，表示由谁出资修缮就由谁居住，后原告陈某 1、陈某 2 共同出资对该房进行了原址拆除重建，重建后的房屋共 180 余平方米，门牌××。2016 年政府对东江区汉江江滩进行整治，该房屋被列入拆迁范围，拆迁号为 Y - 27、28、30 号。2017 年 1 月 19 日，原告陈某 1、陈某 2 共同出资 49 802 元对该房屋进行买断。该房屋被划入拆迁范围后，因被告陈某 3、陈某 4 等对政府拆迁机构提出不合理要求，导致对该房屋的拆迁补偿事宜无法正常进行，由此双方产生纠纷，第三人陈某 6、陈某 5 明确表示尊重房屋重建事实，相关权益应由原告陈某 1、陈某 2 所有，对该拆迁房屋不主张权利。原告认为，该拆迁房屋由原告修建，根据

谁出资、谁受益的原则，该房屋应归原告所有。故原告起诉至法院，要求判令：1. 请求确认位于真武市东江区庙东湾 399 - 401 号房屋的拆迁权益归两原告共有；2. 本案诉讼费用由两被告承担。

被告陈某 3、陈某 4 主张：被告的父亲陈某 7 原系真武市第一砖瓦厂（现已改制为真武市天河建筑材料开发有限公司）职工，在原单位宿舍（新泰宿舍）分配有企业自管房住房一套，该房屋在 20 世纪 70 年代进行了一次修建。在 80 年代，被告母亲李某卖了老家红安县的房子将钱投入涉案房屋进行修建，修建后的面积为 128 平方米左右。其后，房屋遭遇淹水，被告陈某 4 购买双锁、双保险安全门，被告陈某 3 出力，在修建过程中常常出力帮忙、码砖等，多次修建成如今规模。被告陈某 4 系涉案房屋的户主，涉案房屋中的一间约 44 平方米一直由其居住，其女儿陈某 8 在涉案房屋辖区读书并居住生活，房屋的电表、水表户主均为被告陈某 4。2007 年被告的父亲去世，2014 年被告的母亲亦去世。2016 年涉案房屋被国家征收，该房屋系被告父亲的单位自管房，其父母享有承租权，被告作为共同居住人在其成家时，父母将其中 44 平方米作为婚房已由陈某 4 为实际的居住人，陈某 4 一直居住于涉案房屋内，应为房屋征收补偿的安置对象，其他房屋拆迁利益应为父母的遗产，由法定继承人共同所有，被告常年赡养老人，对其母亲尽了较多的赡养义务，应当进行多分，在房屋多次修建过程中，被告均出资出力，也亦共同享有拆迁利益。故被告要求：1. 确认位于真武市东江区庙东湾 399 - 401 号房屋内 44 平方米一间房的拆迁权益归被告陈某 4 所有；2. 确认位于真武市东江区庙东湾 399 - 401 号房屋除第一项以外的房屋拆迁权益归被告陈某 4、陈某 3 共有。

第三人陈某 5 称：涉案房屋是第三人父亲单位分配的自管房产。父亲陈某 7、母亲李某生前系该房屋合法承租人，父母去世之后，该房屋是合法遗产，应由各继承人予以合法继承。涉案房屋拆迁时，原告陈某 1 给陈某 5 打电话，声称房屋拆迁后每人可分 3 万 ~ 4 万元，陈某 5 当时认为数额较小，便由陈某 5 的丈夫手写了一个放弃声明，由陈某 5 按了手印。在两原告到法院起诉后，陈某 5 认为其放弃声明是在陈某 1 的欺骗下所签，要求撤回放弃的声明，享有该房屋的继承。且陈某5系长女，参加工作早，过早分担家庭责任，对家庭贡献大，家产与陈某5的贡献不可分。其父亲、母亲生前，陈某5尽了赡养义务，故陈某5应多分拆迁权益。对于被告要求的涉案房屋中44平方米由陈某4所有无事实、法律依据，应由兄弟姐妹共同继承。

第三人陈某6称：涉案房屋的产权是原真武市第一砖瓦厂所有，其父母并未买断，不属于遗产。其父母去世后，该房屋租金一直由两原告缴纳，故拆迁部门通知两原告缴纳了买断款项。被告陈某4声称长期居住在涉案房屋内不属实；第三人陈某5对房屋维修、管理没有出钱出力，其要求继承的说法没有依据。陈某6认为该房屋由两原告出资维修、改建、买断，拆迁权益应归两原告共同所有。

原告陈某1、陈某2的主张有如下证据支持：

证据一：房屋租金缴纳收据8张，证明房屋拆迁前的租金由两原告以其母亲李某的名义向单位支付，两原告在父母去世后实际居住并对该房屋进行管理，并由两原告实际履行了该房屋上所附随的义务。

证据二：照片十三张、建房合同书一份，证明该房屋在2007年时，由于年久失修，导致房屋破败不能实际居住，2007年为解决母亲李某的居住和赡养问题，两原告共同出资将房屋进行了修缮及扩建，将原66平方米的房屋扩建为180平方米的事实。

证据三：律师调查笔录（对第三人陈某6），证明本案当事人父亲去世后，母亲李某由两原告赡养，涉案房屋由两原告实际居住并履行该房屋上所附随的义务；2007年在修缮、扩建房屋之前，本案当事人对修缮扩建房屋进行了协商，各被告均表示了不出资、也不要房子的事实；陈某6本人明确表示放弃对诉争房屋的继承。

证据四：收据一张，证明两原告在拆迁前于2017年1月19日向单位真武天河建筑材料开发有限公司缴纳房屋转让费49 802元，获得该房屋所有权。

证据五：真武市房地产平面图两张，证明诉争房屋经核查测量的平面图状况，房屋所有权人为两原告。

证据六：证明一份，证明第三人陈某5表示放弃对诉争房屋的继承。

证据七：养老院证明，证明原告母亲在养老院居住期间，由原告陈某2照顾其母亲，与被告提交的赡养证明出具单位是同一个，但内容不同。

证据八：张某、李某2证人证言，证明两原告于2007年出资建房的事实。

被告陈某3、陈某4为支持其诉讼主张，提交了如下证据：

证据一：户籍信息、社区居住证明、证人证言、承租房缴纳收据、困难证明、电费、水费申报缴费单据及报装单据，证明被告陈某4系涉案房屋的户主，在涉案房屋内居住生活、结婚生子，其女儿户籍在涉案房屋，常年在此居住；陈某4以自己的名义缴纳租金，单位予以认可其为共同承租人；涉案房屋的电费、水费的户主均为陈某4，陈某4系合法的拆迁安置补偿对象，对其44平方米有权属。

证据二：胡某证人证言（证人胡某身患疾病无法出庭作证）、物资清单、住院病历，证明被告陈某4、陈某3在涉案房屋2007年修建过程中出资、出力。

证据三：韩某1、韩某2证人证言，证明涉案房屋在20世纪70年代、80年代经过多次重建，均系被告父母出资出力，建成的面积为128平方米左右。

证据四：承诺书，证明原告在案件未定断时未经过被告同意，在拆迁办签订承诺书，已签订《拆迁安置补助协议》。

证据五：房屋查询信息单，证明两原告在真武市均另有住房，与诉称常年居住于涉案房屋的事实不符。

证据六：代养人员入住协议书、赡养证明、出资为母亲买断57年工龄证明、为母亲办理遗属待遇证明，证明被告陈某3、陈某4尽了较多赡养义务，应当予以多分财产。

证据七：真武市天河建筑材料开发有限公司出具的证明一份，证明涉案房屋的承租人及合法产权人系被告的父亲陈某7。

第三人陈某5、陈某6没有提出任何证据。

依被告申请，法院于2017年7月18日到真武市天河建筑材料开发有限公司、真武市东江区二桥街办事处征收办进行了调查，并制作了石某、肖某调查笔录两份。

笔录内容：原告陈某1、陈某2与被告陈某3、陈某4及第三人陈某5、陈某6系兄弟姐妹，其父亲陈某7（2001年3月去世）原系真武市第一砖瓦厂（现已改制为真武市天河建筑材料开发有限公司）职工，在原单位分配有企业公管房屋宿舍三间（原新泰宿舍55号），面积为66平方米，陈某7及其家人按月缴纳房租，享有居住权。20世纪70年代至2007年，陈某7及其子女先后对该房屋进行了改、扩建。2016年10月，真武市东江区人民政府作出真政决字〔2016〕第16号征收决定，对真武市东江区永安堂滩地上的房屋实施征收，涉案房屋在征收范围内。根据《东江区永安堂滩地房屋征收补偿方案》第三条第（一）项："征收直管、自管公有房屋，公有房屋承租人可以获得征收补偿……1. 房屋承租人选择货币补偿的，租赁关系终止，给予承租人被征收房屋价值90%的补偿，给予被征收人被征收房屋价值10%的补偿……"之规定，两原告以涉案房屋承租人的名义于2017年1月19日向被征收人真武市天河建筑材料开发有限公司缴纳了公管房征收补偿费49 802元（66平方米×7943元/平×10%×95%）。两原告认为该补偿费49 802元是涉案房屋的产权买断费用，且原告在2007年出资对涉案房屋进行了改、扩建，涉案房屋的拆迁权益应归两原告所有，故原告起诉至法院。两被告认为涉案房屋为其父母所有，其父母已将涉案房屋中的44平方米作为婚房赠送给陈某4，该44平方米的拆迁权益应归陈某4所有，而两被告对母亲尽了较多的赡养义务，认为涉案房屋44平方米以外的房屋拆迁权益归两被告所有，故被告提出了反诉诉讼请求，后于2017年11月27日撤回反诉请求。

另查明，涉案房屋两原告已与征收代办人达成口头意向，并表示同意拆除该房屋，该房屋现已拆除。因房屋所有人未确定涉案房屋权属证明，至今涉案房屋尚未签订征收补偿协议。

（二）参与本案实训的人员分配（以一审普通程序为例）

法官组：审判长1人、审判员2人、书记员1人、法警1人

原告组：原告2人（陈某1、陈某2）、原告代理人1~2人（根据参加实训的人数确定）

被告组：被告2人（陈某3、陈某4）、被告代理人1~2人（根据参加实训的人数确定）

第三人组：第三人2人（陈某5、陈某6）、第三人代理人2人（因两个第三人诉权利益不一致，故应当分别委托代理人）

证人组：2人

参考案例二：雷某某、谢某某诉胡某某、郑某某健康权纠纷

（一）案情简介

原告（反诉被告）：雷某某，男，1973年6月28日生。

原告（反诉被告）：谢某某，女，1972年8月26日生。

被告（反诉原告）：胡某某，男，1987年6月25日生。

被告（反诉原告）：郑某某，女，1978年8月29日生。

原告（反诉被告）雷某某、谢某某称，2014年12月16日21时20分左右，谢某某与胡某某均前往滑县新区妇幼保健院院内接水，两人因故发生口角，且胡某某用手对谢某某头部进行打击。该事件发生后，谢某某将该情况告知其丈夫雷某某，后雷某某、谢某某与胡某某、郑某某发生互打。上述四人互打行为，滑县公安局新城派出所作出滑公（新城）行罚决字〔2015〕0035号和行政〔2015〕0038号处罚决定书，且经鉴定，雷某某、谢某某均构成轻微伤。二人受伤后在新乡医学院第一附属医院滑县医院治疗，并支付大量医疗费，而胡某某、郑某某未作任何赔偿。请求判令胡某某、郑某某赔偿雷某某医疗费、误工费、护理费、住院伙食补助费、营养费、精神抚慰金、交通费等共计13 996.9元；判令胡某某、郑某某赔偿谢某某医疗费、误工费、护理费、住院伙食补助费、营养费、精神抚慰

金、交通费等共计 28 340.98 元。

被告（反诉原告）胡某某、郑某某辩称并反诉，该次纠纷是因胡某某与谢某某在妇幼保健院内接水引起，二人发生纠纷后，雷某某持擀面杖伙同谢某某对胡某某、郑某某进行了殴打，致使胡某某、郑某某受伤住院治疗，且滑县公安局新城派出所分别对雷某某和谢某某作出处罚。胡某某、郑某某反诉请求判令雷某某、谢某某赔偿其二人医疗费、误工费、护理费、住院伙食补助费、营养费、精神抚慰金、交通费等共计 10 860 元。

原告（反诉被告）雷某某、谢某某针对被告（反诉原告）胡某某、郑某某的反诉辩称，胡某某、郑某某所述不实，谢某某未曾殴打胡某某，谢某某与胡某某在接水时发生矛盾，胡某某对谢某某头部和身体进行打击，而雷某某、谢某某二人未对胡某某、郑某某进行殴打，未对其二人造成伤害；胡某某对本案的发生有重大过错，依法应当减轻雷某某、谢某某的赔偿责任；另胡某某、郑某某的部分诉求于法无据。

法院查明，2015 年 1 月 5 日，滑县公安局新城派出所分别对郑某某、雷某某、谢某某、胡某某分别作出滑公（新城）行罚决字〔2015〕0035号、滑公（新城）行罚决字〔2015〕0036 号、滑公（新城）行罚决字〔2015〕0037 号及滑公（新城）行罚决字〔2015〕0038 号行政处罚决定书，其中处罚郑某某罚款 500 元，处罚雷某某罚款 500 元，处罚谢某某500 元，处罚胡某某行政拘留 10 天及罚款 500 元。雷某某伤后在新乡医学院第一附属医院滑县医院住院治疗 13 天，被诊断为"面部挫裂伤、多发软组织损伤"，支付医疗费 8 701.9 元。支付交通费 200 元。谢某某受伤后在新乡医学院第一附属医院滑县医院住院治疗 32 天，被诊断为"头面部外伤、脑震荡"，支付医疗费 16 960.98 元。支付交通费 500 元。胡某某于2014 年 12 月 17 日到滑县中医院住院治疗 14 天，被诊断为："脑震荡、头部外伤等"，支付医疗费 1 149.78 元。支付交通费 200 元。审理过程中，胡某某、郑某某申请对雷某某、谢某某的住院费用与本次事故的关联性进行鉴定，因鉴定过程中胡某某、郑某某撤回鉴定，致使鉴定终结。另雷某某、谢某某、胡某某、郑某某均在滑县新区妇幼保健院门口卖饭。

144

上列事实由原告、被告的当庭陈述，原告提供的行政处罚决定书、询问笔录、接警登记表、受案登记表、伤情照片、法医鉴定、诊断证明书、出院证、住院病历、医疗费、交通费票据，被告提供的行政处罚决定书、出院证、住院病历诊断证明书、法医鉴定、医疗费、交通费票据。

（二）参与本案实训的人员分配（以一审普通程序为例）

法官组：审判长1人、审判员2人、书记员1人、法警1人

原告组：原告2人（雷某某、谢某某）、原告代理人1人

被告组：被告2人（胡某某、郑某某）、被告代理人1人

证人组：若干（当事人视情况安排）

参考案例三：刘辉、张晓霞与于敏房屋买卖合同纠纷

（一）案情简介

原告：刘某1，男，1958年5月13日出生，汉族，住汉京市东江区。

原告：张某某，女，1956年6月29日出生，汉族，住汉京市东江区。

被告：于某，男，1980年3月8日出生，汉族，住汉京市。

第三人：刘某2，男，1953年11月7日出生，汉族，住汉京市东江区。

第三人：罗某，女，1953年2月25日出生，汉族，住汉京市东江区。

原告刘某1、张某某与被告于某，第三人刘某2、罗某房屋买卖合同纠纷案，法院于2017年6月13日立案受理后，依法适用简易程序，于2017年7月18日、2017年8月16日两次公开开庭进行审理。后因案情复杂，依法转为普通程序。

原告刘某1、张某某诉称：原告与第三人刘某2、罗某曾系朋友关系。被告于某于2004年6月16日购买位于汉京市东江区墨水湖北路138号缤纷四季檀梨小区3-4-901室房屋（以下简称诉争房屋）一套，房屋成交总价332 366元，其中于某支付首付款72 366元，剩余房款26万元系向中国光大银行办理按揭贷款。2005年年初，被告于某因资金短缺无力按期

偿还房屋贷款，故将诉争房屋转让给第三人刘某2、罗某，并将诉争房屋以及后续银行按揭贷款偿还事宜交付其二人。2005 年 7 月 26 日，第三人刘某2、罗某又将诉争房屋转让给原告刘某1、张某某，原告刘某1、张某某当即支付购房首付款 8 万元，第三人刘某2、罗某随后将诉争房屋交付给原告刘某1、张某某使用。原告刘某1、张某某又于 2006 年 1 月 26 日向第三人刘某2、罗某支付其代为偿还的银行按揭贷款 10 500 元，并将后续银行按揭贷款偿还事宜交付给原告刘某1、张某某处理。因此，第三人刘某2、罗某共向原告刘某1、张某某出具两份收款收条，但双方始终未签订《房屋买卖合同》。2006 年 5 月 9 日，原告刘某1、张某某的女儿刘某3 与被告于某经人介绍登记结婚，并于 2006 年 10 月办理结婚仪式，2007 年 5 月 4 日生育一女于某某。此后于某与刘某3 一直随原告刘某、张某某居住于诉争房屋。因此，原告刘某、张某某鉴于与于某系姻亲关系，而未及时办理诉争房屋登记过户手续。2015 年 4 月 27 日，于某与刘某3 经法院调解离婚，于某随即搬离诉争房屋，但其拒绝办理诉争房屋产权过户登记手续。2016 年 2 月 24 日，原告刘某、张某某向汉京市汉京区人民法院起诉第三人刘某2、罗某和被告于某，要求确认原、被告之间诉争房屋买卖协议合法有效，并要求继续履行房屋买卖协议，并协助原告办理诉争房屋产权过户登记手续。2016 年 8 月 5 日，汉京市东江区人民法院以原告无证据证明第三人对诉争房屋享有处分的权利，亦无证据证明原告与第三人刘某2、罗某之间存在房屋买卖的合意，判决驳回原告的全部诉讼请求。两原告认为诉争房屋买卖协议无法履行，要求被告于某返还购房款，并赔偿利息损失。故原告起诉至法院，要求判令：1. 被告于某返还原告刘某1、张某某购房款 90 500 元。2. 被告于某支付原告刘某1、张某某购房款的利息 67 628.91 元（以购房款 8 万元为基数；从 2005 年 7 月 26 日起，以购房款 10 500 元为基数。从 2006 年 1 月 26 日起，均按照中国人民银行同期同类贷款利率计算至判决给付之日止。为计算诉讼费用提供依据，利息暂时计算至 2017 年 5 月 26 日）。3. 第三人刘某2、罗某对被告于某的上述债务承担连带清偿责任。4. 被告承担本案全部诉讼费用。

被告于某辩称："2004 年我因买房差钱，向罗某借钱 72 000 元，后来我又筹到 8 万元钱准备去东江偿还罗某，恰逢其不在家，我就把钱给了原告，让原告代我偿还，2006 年 2 月份左右又还了 1 万多元，也是把现金给了原告，让原告代我偿还给罗某。后来部队给我 10 万元的退伍安置费，我要求原告女儿把钱偿还给原告，之后我问了原告女儿说是否还钱，原告女儿称已经全部还清，故我不需要再向原告偿还任何款项。"

第三人刘某 2、罗某述称：被告于某是刘某 2 退休前工作的部队司机，也是同乡，故第三人刘某 2、罗某与于某关系较好。于某出于结婚考虑，遂委托第三人罗某帮忙在汉京看房，当时原告刘某 1 的妹妹手中有多余的房号，因第三人罗某与其系同事，原告刘某 1 的妹妹就将诉争房屋的房号给了罗某，罗某又将该房号给了于某。2004 年 6 月 19 日，第三人罗某陪同于某到缤纷四季檀梨小区的售楼部购买诉争房屋，于某共支付了 72 391 元首付款及 3 985 元抵押金用于购买诉争房屋，因于某经济困难，其首付款中的 72 000 元为第三人罗某为其垫付。2004 年年底，两第三人将于某介绍与两原告的女儿刘某 3 相识。因于某经济困难，有时向第三人罗某借钱用于还贷和消费。2005 年，两第三人因房屋装修需要用钱，于某将 8 万元给两原告，由两原告转交第三人罗某，用来还两第三人垫付的诉争房屋首付款；2016 年 1 月 26 日，于某再次将 10 500 元给两原告，由两原告转交给第三人刘某 2，用于还两第三人借给于某偿还银行贷款的钱。两第三人认为当时于某与刘某 3 系恋爱关系，与刘某 3 的父母也都是一家人，故在出具的两张收条上只写了两原告的名字，而未注明是于某还钱。于某从未将诉争房屋转让给两第三人，两第三人也没有将房屋转让给两原告。当时房价上涨，两第三人不可能以低于购买房屋的价款转让给两原告，两原告只是于某还钱的经手人，两第三人不存在不当得利，故应驳回两原告的诉讼请求。

原告刘某 1、张某某为支持其诉讼主张，向法院提交了如下证据：

证据一：房屋买卖合同、汉京市转让不动产无形资产发票，证明被告于某于 2004 年 6 月 16 日购买位于汉京市汉京区墨水湖北路 138 号缤纷四季檀梨小区 3 - 4 - 901 室房屋一套，房屋总成交价 332 366 元，并支付首付款 72 366 元，剩余房款 26 万元系向中国光大银行办理按揭贷款。

证据二：收条两份，证明 2005 年 7 月 26 日两第三人将诉争房屋转让给两原告，两原告当即支付购房首付款 8 万元；两原告又于 2006 年 1 月 26 日向两第三人支付其代为偿还的银行按揭贷款 10 500 元。

证据三：证明，证明两原告于 2005 年 7 月购买诉争房屋，并于 2006 年 8 月装修，2006 年 9 月开始在诉争房屋内居住，诉争房屋物业管理费均由两原告支付。

证据四：民事调解书、民事判决书，证明：1. 2006 年 5 月 9 日，两原告的女儿刘某 3 与被告于某经人介绍登记结婚，并于 2015 年 4 月 27 日经法院调解离婚。此期间，两原告鉴于被告于某系姻亲关系，而未及时主张办理诉争房屋登记过户手续。2. 2016 年 8 月 15 日，汉京区人民法院判决认为两原告无证据证明第三人刘某 2、罗某对诉争房屋享有处分的权利，亦无证据证明两原告与第三人刘某 2、罗某之间存在房屋买卖的合意。因此，两原告与第三人刘某 2、罗某就诉争房屋买卖协议无法继续履行，故两第三人已构成不当得利，应依法向两原告返还购房款 90 500 元，并赔偿利息损失。

证据五：利息损失计算表，证明两原告利息损失以已付购房款为基数，从付款之日起，均按照中国人民银行同期同类贷款利率计算至判决给付之日止，为计算诉讼费用提供依据，利息损失暂时计算至 2017 年 5 月 26 日，共计 67 628.91 元。

证据六：收条，证明两原告支付的首付款 8 万元是向宋某借款，两原告于 2010 年 4 月 11 日已偿还宋某借款 8 万元。

证据七：宋某证人证言，证明 2005 年 6 月两原告向宋某借款 8 万元，2010 年 4 月两原告还清该借款。

被告于某未向本院提交证据。

第三人刘某 2、罗某为支持其答辩意见，向本院提交如下证据：

证据一：于某向罗某出具的借条，证明于某购买房屋的首付款是向两第三人借的，借条原件在两原告还 8 万元钱的时候即给了两原告。

证据二：于某证人证言，证明被告罗某曾替于某垫付首付款和房贷，两张收条均是两原告替于某还的钱，并无房屋买卖的事实。

证据三：赵某证人证言，证明原告提交的居住证明是虚假的。

证据四：保险公司抵押收费缴款单，证明诉争房屋是于某的，除了首付款 72 391 元以外，于某还支付了 3 985 元的保险费用，不存在原告购房的事实。

证据五：取款凭证，被告罗某于 2004 年 6 月 16 日分别在邮政银行支取定期存款 2.5 万元、建设银行取款 7 000 元、邮政银行取款 3.9 万元，证明于某为购买诉争房屋，带着第三人罗某取了上述三笔款项，第三人罗某替于某交了购房款 7.2 万元。

证据六：光大银行存款凭条，证明两第三人多次替于某还房贷，最后一次是 2006 年 1 月 20 日第三人罗某替于某还房贷 1 500 元。

证据七：光大银行储蓄存款凭条，证明于某在 2005 年 10 月 15 日还在还房贷，不存在于某将房子给两第三人的事实。

（二）参与本案实训的人员分配（以一审普通程序为例）

法官组：审判长 1 人、审判员 2 人、书记员 1 人、法警 1 人

原告组：原告 2 人（刘某 1、张某某）、原告代理人 1~2 人（原告刘某 1、张某某诉权利益一致可共同委托一人代理诉讼）

被告组：被告 1 人（于某）、被告代理人 1 人

第三人组：第三人 2 人（罗某、刘某 2）、第三人代理人 1~2 人（原告刘某、张某某诉权利益一致可共同委托一人代理诉讼）

证人组：2 人

参考案例四：天平店镇某村委会诉王某排除妨害纠纷

（一）案情简介

原告：太平店镇某村民委员会（以下简称某委会）。

法定代表人：李某1，任村主任职务。

被告：王某，男，1966年4月15日出生，汉族，住江中市太平店村×组×号。

原告于2003年4月1日与被告王某签订了堰塘承包合同，到2016年4月1日到期，合同约定被告每年交原告承包费500元，合同到期后经村民讨论，村委会决定为了本村村民种田用水，决定堰塘不再向外承包，原告村委会于2016年4月15日给被告通知村里收回堰塘，其后又于同年4月18日再次给被告通知要求其在2016年4月23日将堰塘里的鱼处理完毕。合同到期后被告拒不返还原告堰塘，严重影响了本村村民种田用水，为了保护原告的合法权益和村民利益，原告向法院提起诉讼并诉请如下：1. 依法判决被告排除妨害；2. 本案诉讼费由被告承担。

原告某委会为支持其诉讼主张，向法院提交了如下证据：

证据一：原告于2008年3月5日书写的民事诉状一份。以此证明原告以被告拖欠承包费为由，主张解除承包合同，2008年曾向本院提起诉讼。

证据二：《合同书》一份。以此证明原告、被告于2003年4月1日签订了堰塘承包合同，承包期限从2003年4月1日至2016年4月1日到期。

证据三：江城区法院于2008年5月30日做出的（2008）江太民初字第36号民事判决书一份。以此证明判决已确认承包期限从2003年4月1日至2016年4月1日到期。

证据四：书面通知2份。以此证明原告村委会于2016年4月15日给被告通知村里收回堰塘，其后又于同年4月18日给被告通知在2016年4月23日将堰塘里的鱼处理，合同到期后被告拒不返还原告堰塘，严重影响了本村村民种田用水。

被告王某辩称："1. 原告诉称堰塘承包合同已到期不属实，合同期限应为2026年4月1日到期；2. （2008）江太民初字第36号判决，确认原告村委会欠我钓鱼款7 030元；3. 原告要求解除合同的理由不符合法律规定，原告、被告签订的堰塘承包合同应继续履行；4. 原告给被告发出收回堰塘通知，造成被告精神损害，要求原告赔偿精神损害抚慰金100元。"

被告王某为支持其抗辩主张，向法院提交了如下证据：

证据一：《合同书》一份。以此证明原告、被告于 2003 年 4 月 1 日签订了堰塘承包合同，承包期限从 2003 年 4 月 1 日至 2026 年 4 月 1 日到期。并不是原告诉称的 2016 年 4 月 1 日到期。

证据二：钓鱼清单一份、领条一份、（2008）江太民初字第 36 号判决书一份，以此证明原告某委会欠被告的钓鱼款 7 030 元。

证据三：《补充合同》一份、《证词》一份。以此证明原告某委会拖欠被告的钓鱼款 7 030 元无力给付，原告、被告便协商续签了一份《补充合同》，承包期限从 2003 年 4 月 1 日至 2026 年 4 月 1 日到期。并不是原告诉称的 2016 年 4 月 1 日到期。

证据四：书面通知 2 份。以此证明原告某委会于 2016 年 4 月 15 日给被告通知村里收回堰塘，原告某委会又于同年 4 月 18 日给被告通知在 2016 年 4 月 23 日将堰塘里的鱼处理，造成被告精神损害，原告应赔偿精神损害抚慰金 100 元。

法院查明，原告某委会与被告王某于 2003 年 4 月 1 日签订了堰塘承包《合同书》，约定的主要内容有：一、乙方（指被告王某）承包甲方（指原告某委会）大堰一口，每年上交承包费 500 元；二、承包年限从 2003 年 4 月 1 日至 2016 年 4 月 1 日到期。2008 年 3 月 16 日某委会向本院起诉，主张被告交清承包费 3 000 元；解除堰塘承包合同。同年 5 月 20 日，本院做出了（2008）江太民初字第 36 号民事判决：一、驳回原告某委会的诉讼请求；二、原告、被告签订的堰塘承包合同继续履行。2016 年 4 月 1 日合同到期后，某委会为了本村村民种田用水，分别于 2016 年 4 月 15 日、同年 4 月 18 日两次给被告发出书面通知，村里将收回堰塘，要求被告将堰塘里的鱼处理。被告未自动退出堰塘，故原告于 2016 年 6 月 22 日向本院提起诉讼。

另查明，被告提供的一份《补充合同》，原告某委会前任村支书、村主任李某 2 予以否认，现任村干部均表示不知晓。

（二）参与本案实训的人员分配（以一审普通程序为例）

法官组：审判长1人、审判员2人、书记员1人、法警1人

原告组：原告1人（某村委会）、原告代理人1人

被告组：被告1人（王某）、被告代理人1人

证人：1人

参考案例五：田某1、池某1诉新洲市中心医院医疗损害责任纠纷

（一）案情简介

原告：田某1，女，汉族，1976年1月18日出生，住新洲市州口路×号。

原告：池某1，男，汉族，2006年3月11日出生，住新洲市州口路×号。

法定代理人：田某1，基本情况同上，系原告池某1之母。

被告：新洲市中心医院，地址新洲市新华路135号。

法定代表人：刘某，该院院长。

原告田某1、原告池某1称：原告田某1和池某1分别是患者池某2的妻子与儿子。2010年9月8日凌晨0时许，池某2在家中突然感到胸口疼痛，且该疼痛波及至肩膀，即在第一时间拨打120急救电话告知病情并请求急救，因其妻儿均不在家，随即又给邻居王某某和其二哥池某3打电话陈述病情，让他们尽快赶到家中来帮忙。居住在附近的王某某很快赶到后，见池某2胸口疼痛的症状仍未好，就又再次拨打120急救电话，随后池某3也赶到池某2家中。大约在凌晨0时20分，120急救车赶到池某2家附近，因周围拆迁道路难行，急救车停在离池某2家大约200多米的地方，随车而来的是新洲市中心医院的一名医生田某2和一名护士李某某，二人到池某2家中询问病情后，仅对池某2进行了心肺听诊检查，认为病情缓解，让池某2在家属的搀扶下自行前往急救车处乘车，池某2在行走了近100米时突然倒地，现场胸部按压后抬到急救车上，在急救车去医院

的过程中，对池某2采取的措施是按压、输液和鼻吸氧，一直未做心电图和量血压。池某2被送至新洲市中心医院急诊科后经抢救无效死亡，院方最后诊断为猝死。原告认为：池某2与被告形成了有效的医疗服务合同关系，被告在池某2的陈述及病情特征均可证明系心脏病症急性发作的情况下，赶到现场后不采取任何预防和急救措施，反而让应静卧休息而不能行走和剧烈运动的池某2长距离行走，终使池某2在走向急救车的过程中病情加剧导致心脏骤停而猝死，被告的专业救护人员未尽到法定的救援及注意义务，存在严重过错，与池某2的死亡有直接的因果关系，理应承担民事赔偿责任；被告没有及时、有效地提供合理、必要的急救服务，因为急救人员的救护措施不当而导致池某2最终猝死，亦应承担相应的民事赔偿责任。池某2的死亡给原告造成极大的经济损失和精神损害，为此，原告起诉要求被告赔偿医疗费、死亡赔偿金、丧葬费、被抚养人生活费、精神损害抚慰金共计23.4万元并承担司法鉴定费4 000元和诉讼费用。

被告新洲市中心医院称："我院在急救出诊过程中诊疗行为规范，抢救流程符合规定，无过错行为，池某2的死亡与我院的急救出诊行为无因果关系；出诊医生田某2于2000年取得执业助理医师资格，2007年注册，执业范围为急救专业，2010年取得急诊、急救合格证，从事急救工作符合规定。"

原告田某1、池某1向法院提交的证据有：1. 户口本和结婚证各1份，证明原告的主体身份；2. 新洲市中心医院120急救出诊登记表1份，证明被告在2010年9月8日凌晨，接到原告拨打的120急救电话，派田某2出诊的事实；3. 新洲市中心医院急救病历（院前）1份，证明被告对池某2初诊时就发现其有冠心病的症状，未对池某2进行相应治疗和最基本的体温、心电图、血压测量检查，存在严重过错，以及出诊医生田某2在接诊时错误认为池某2病情已缓解，让其长距离行走，导致心脏骤停而死亡；4. 危重病人抢救记录及护理记录复印件各1份，证明池某2因急诊医生救护不当心脏骤停后，经抢救无效死亡的事实，死亡时间为2010年9月8日1时45分；5. 火化证1份，证明池某2去世后，于2010年9月10日火化的事实；6. 新洲市中心医院处方摆药单 1 份，医药费票据 9 张，证明池某 2 的医药费为 1 217.08 元；7. 证人王某某、池某 3 的证人证言并出庭作证及身份证复印件各 1 份，证明被告在急救过程中未尽法定的救援与注意义务，存在严重过错，导致池某 2 不幸死亡的事实；8. 池某 2 家所处位置及附近道路状况照片 6 张，证明当时通往救护车停放地点的道路曲折泥泞，不适宜让有冠心病症状的池某 2 行走的事实，院方让池某 2 自行行走同池某 2 死亡之间有直接关系，存在严重过错；9. 河口省卫生厅的证明 1 份，证明出诊医生田某 2 为执业助理医师，没有处方权，不具备单独从事 120 急救工作的资格，被告派其急救出诊有严重过错。10. 河口检苑司法鉴定中心司法鉴定意见书 1 份，证明被告在抢救池某 2 过程中存在医疗缺陷，不能排除医院的医疗行为同池某 2 死亡之间存在因果关系的事实。

被告新洲市中心医院向法院提交的证据有：院前急救病历 1 份，证明急救程序规范，急救行为无过错；医疗纠纷解决程序告知书和医疗纠纷接待登记表各 1 份，证明 2010 年 9 月 8 日池某 2 亲属口头投诉，2010 年 9 月 14 日提交书面材料，院方告知池某 2 家属如对池某 2 死因有异议，可进行尸检；田某 2 的医师资格证书及培训证书各一份，证明田某 2 具有急救的资格。

法院查明的事实：2010 年 9 月 8 日凌晨，池某 2 在家中突然胸口疼痛，拨打 120 急救，被告 00：10 分出救护车，由医生田某 2 和护士李某某出诊，急救车停在池某 2 家附近；检查见池某 2 一般情况尚可，神态清晰，头颅、胸部正常；肺：双侧听诊正常；心脏：听诊 P76 次/分√心音有力；腹部：无压痛；脊柱、四肢：正常；初步诊断：腹痛待查；冠心病（但未进行体温、心电图、血压测量）。池某 2 步行前往急救车途中，心脏骤停，行心肺复苏术＋药物至急诊科。到达医院后，患者查体：大动脉搏动消失，心音未闻及，自主呼吸停止，口唇紫绀，双侧瞳孔散大，直径约 4.5mm，双光反射消失。经口头告病危、心电监护、气管插管、呼吸机辅助呼吸、多巴胺、肾上腺素、阿托品、电除颤、持续胸外按压等应用，抢救无效死亡，池某 2 的医疗费为 1 217.08 元。池某 2 亲属在池某 2 死亡当日口头投诉，2010 年 9 月 10 日将池某 2 尸体火化，2010 年 9 月 14 日向被告提交书面材料，被告于 2010 年 9 月 4 日发放医疗纠纷解决程序告知书，原告诉至本院。

本案在审理过程中，根据原告的申请，法院委托河口检苑司法鉴定中心对被告在治疗池某 2 过程中有无过错，与池某 2 死亡是否存在因果关系进行司法鉴定。该中心分析认为，在未确定池某 2 疾病种类的情况下，心电图检查、血压测量是抢救危重病人用以确诊及采取何种治疗抢救措施的首选，该项目的缺失是医院抢救过程中存在缺陷，由于未对池某 2 尸体进行解剖，医院的医疗行为与池某 2 死亡是否存在因果关系无法确定。鉴定意见为：被告在抢救池某 2 过程中存在医疗缺陷，由于未对池某 2 尸体进行解剖，医院的医疗行为与池某 2 死亡是否存在因果关系无法确定。

另查明：田某 2 于 2007 年 2 月 14 日取得执业助理医师执业证书并予注册，执业地点新洲市中心医院，执业范围：急救医学专业。

（二）参与本案实训的人员分配（以一审普通程序为例）

法官组：审判长 1 人、审判员 2 人、书记员 1 人、法警 1 人

原告组：原告 2 人（田某 1、池某 1）、原告代理人 1 人

被告组：被告 1 人（新洲市中心医院）、被告代理人 1 人

证人：2 人

参考案例六：贸城永利采石厂诉刘某 1、刘某 2 返还原物纠纷

（一）案情简介

原告：贸城县永利采石场。

负责人：李某某，执行事务合伙人。

被告：刘某 1，男，汉族，1983 年 12 月 10 日生。

被告：刘某 2（系被告刘某 1 之父），汉族，1962 年 11 月 17 日生。

2012 年 8 月 5 日，原告贸城县永利采石场负责人李某某与被告刘某 1、案外人王某签订《合同书》，约定将贸城县永利采石场承包给被告刘某 1、

王某二人合伙经营，承包时间为 2012 年 9 月 1 日至 2015 年 8 月 30 日止。合同签订后，被告刘某2、刘某1父子与王某开始在采石厂共同经营。经营至 2013 年 2 月 23 日，原告与被告刘某1及其合伙人王某经协商后签订《协议书》，解除原双方签订的承包经营合同，并约定"甲方付给乙方现金人民币七十二万元，其中原始合同押金三十万元，乙方承包经营期间购置的机械设备折款四十二万元，付款期限：2013 年 5 月 23 日前付三十七万元（汇入乙方王某账户），下余三十五万元于 2013 年 12 月 23 日前付清，甲方承担 1% 的利息，自合同成立起至付清欠款时止"，协议还约定"甲方如不能按期还款，应以甲方采石厂的机械设备向乙方抵押"。原告按约定于 2013 年 5 月 23 日前将 37 万元支付给王某后，被告刘某1、刘某2认为剩余的 35 万元为其个人所得，因原告一直没有给付，两被告于 2013 年 11 月 25 日到原告采石厂将龙工牌 50 铲车开走，同年 12 月 23 日，原告诉至法院，要求二被告返还原物，同时申请先予执行。诉讼中，经法庭做工作，被告于 2013 年 12 月 31 日将铲车返还原告。2014 年 1 月 27 日，法庭主持双方庭前调解时，因原告、被告双方对两被告先后在原告处购买石子价款的数额如何抵付各执己见，调解未能达成协议，随后两被告又到原告采石厂将原告所有的龙工牌 50 铲车及三一牌 235 挖土机各一台强行开走。2014 年 2 月 20 日，原告提出先予执行申请，法院同日做出裁定："被告刘某1、刘某2立即将原告所有的龙工牌 50 铲车一台和三一牌 235 挖土机一台返还原告贸城县永利采石场。"两被告收到本院裁定书以后，于 2014 年 2 月 25 日、26 日将龙工牌 50 铲车及三一牌 235 挖土机各一台返还给原告。现原告要求两被告赔偿 2013 年 11 月 25 日至 12 月 27 日扣铲车计 31 天及 2014 年 1 月 27 日至 2014 年 2 月 27 日扣铲车及挖机各 30 天的租车费用及拖车、加油、维修车辆等经济损失共计 141 080 元，并由两被告承担本案的诉讼费用。

原告为支持其诉讼请求，向法院举交了如下证据：

1. 2012 年 8 月 5 日原告、被告双方签订的承包合同、2012 年 2 月 23 日被告刘某1与原告法人代表李某某解除合同的协议书各 1 份，两份合同拟证明原告、被告间承包采石厂及解除合同关系的事实。

2. 原告代理人调查朱某某、黄某某、郑某某的笔录各 1 份、邓某某、张某某证明材料各 1 份、黄某某证明材料 1 份、情况反映材料 1 份，拟证明二被告扣龙工牌 50 铲车及三一 235 挖土机各一台的事实情况。

3. 刘某某、王某某证明各 1 份，拟证明租铲车和挖机的每天计费情况。

4. 支出费用条据 8 张、计款 5 580 元，原告计算损失清单 1 份，拟证明二被告的扣车行为给原告造成的各项经济损失共计 141 080 元。

被告刘某 1 辩称："我扣铲车、挖机是有原因的，我在永利采石厂投资 60 多万元，原告让我亏了 25 万元，一分钱投资款没有收回，并且原告欠我的钱也没按约定给付。原告违约在前，我扣车在后；损失不能依据他们说的算，损失计算太高，损失费用全是白条，没有正规发票。另外，2014 年 1 月 27 日第二次扣车期间原告没有生产，不可能产生费用损失。2014 年 2 月 22 日经法庭做工作，我同意让原告拉设备，原告自己没有来取，这个损失应当计算到 22 日，不应该计算到 27 日，多计算了 5 天。"

被告刘某 2 辩称："扣车是事实，但是经济损失我父子不应承担，理由是因为原告欠我父子和工人的工资没有给付，第一次龙工牌 50 铲车是刘某 1 先去扣的，我后赶去，扣车时间没有异议；第二次铲车和挖机是我扣的。另外，双方解除合同的时候有协议，协议上约定可以用设备作抵押，所以我父子才去扣原告设备，既然有约定，我们扣车就不应该承担损失。"

两被告对其辩解理由，向法庭举交了如下证据：

1. 张某出具的证明条 1 张，拟证实原告永利采石厂合伙人张某于 2013 年 12 月 31 日收到刘某 1 返还的龙工牌 50 铲车一台。

2. 黄某某出具的收条 2 张，拟证实其于 2014 年 2 月 26 日收到刘某 2 返还永利采石厂的龙工牌 50 铲车一台，于 2014 年 2 月 25 日收到刘某 2 返还永利采石厂的三一 235 挖机一台。

依据被告的申请，法院调查情况如下：

1. 经法院向做铲车、挖掘机专业出租生意的刘某 3、全某某了解，商城铲车租赁费标准与原告诉请及举证基本一致。

2. 新县巨力民爆器材有限责任公司商城分公司《爆破现场作业记录表》显示，在 2014 年 1 月 27 日至 2014 年 2 月 27 日期间，贸城县永利采石场没有爆破作业。

（二）参与本案实训的人员分配（以一审普通程序为例）

法官组：审判长 1 人、审判员 2 人、书记员 1 人、法警 1 人

原告组：原告 1 人（贸城县永利采石厂）、原告代理人 1 人

被告组：被告 2 人（刘某 1、刘某 2）、被告代理人 1 人

证人：多人（可按情况安排出庭证人）

民事审判实训卷宗

民事审判实训从模拟起诉到开庭审理完毕，法官组的学生应当制作完整的卷宗，归档备存。本章选用中级人民法院的二审卷宗作为范例，供大家制作卷宗及书写文书时参考。

全宗号	目录号	案卷号

H 省平阳市中级人民法院

民事　诉讼二审　卷宗

正　卷

(2016) ×××民终字 第×××××号

案　由		追偿权纠纷		
当事人	上诉人 （原审被告）	李小江、周小凤、王梅、赵东		
	被上诉人 （原审原告）	王勇		
	原审被告	平阳市天泉汽车零部件有限公司		
审判长		审判员	审判员	书记员
许晴		王莉	李锐	王丹
收案 日期	×××年××月××日		结案 日期	×××年××月××日

续表

高新区人民法院		
一审结果：判决		
平阳市中级人民法院		
二审结果：判决		
人民法院		
复核结果		
人民法院		
再审结果		
归档 日期	××××年 ××月 ×× 日	保管 期限

二审正卷卷宗目录

序号	文书名称	页次	序号	文书名称	页次
1	案件管理信息	1	15	庭审笔录	40
2	上诉案件移送函	3	16	有关证据材料	50
3	原审判决、裁定书	4	17	代理词	86
4	民事上诉状正本	16	18	调解协议书	
5	诉讼费收据	19	19	撤诉申请书	
6	法定代表人身份证明	25	20	民事判决（裁定、调解）书正本	101
7	授权委托书	28	21	司法建议书（函）	
8	上诉状副本送达回证	34	22	退卷函存根	112
9	上诉答辩状正本		23	宣判笔录	
10	上诉答辩状副本送达回证		24	送达回证	115
11	法定代表人身份证明	36	25	送达地址确认书	119
12	授权委托书		26		
13	开庭传票存根、送达回证、开庭公告底稿	37	27		
14	审判监督卡发放回证		28		
备注					

本卷宗连面带底共计　页，附证物　袋。

	婚姻 家庭 和继承	合同	权属及 侵权	知识 产权	海事 海商	破产 案件
人民法院民事二审案件立案审查、 审判流程管理信息表		√				

民事二审案件立案审查情况	案号：（2016）　×民终第×××号		
上诉案件类型：对判决不服 上诉	提出上诉状日期：2016 年 05 月 27 日		
案由：追偿权纠纷	收到一审法院移送的案卷日期：2016 年 07 月 06 日		
	原审法院：平阳市高新技 术开发区人民法院	原审案号：（2015）　×高新民 初字第××××号	
案件涉及：未涉及保全方式	证据保全（　　）先予执行 （　　）	诉讼标的：0.00 万元	

当 事 人 基 本 情 况

诉讼地位	姓名或单位名称	自然人居住地、经常居住地 或单位住所地	联系电话	邮政编码
上诉人 （原审被告）	李小江、周小凤、 王梅、赵东	平阳市		
被上诉人 （原审原告）	王勇	平阳市		
原审被告	平阳市天泉汽车 零部件有限公司	平阳市		
审查人 意见		审查人：		
		审查日期：　年　月　日		
审批人 意见		立案	审批人：陈月	
			审查日期：2016 年 07 月 06 日	
应收 受理费	39 612 元	预交日期：　年　月　日	缓交审批表	实收 受理费
		预交受理费：　　元		元
司法救助对象				
收案信息统计在　2016 年 7 月法综 11（14、17、20、22）31、35 表			备注：	

立案：陈月　承办部门：民四庭　承办人：许晴　审判长或庭长：

民事二审案件审判流程管理情况

案号：（2016）×06 民终 14××号

立案日期：2016 年 07 月 06 日			移交审判庭日期：××××年××月××日						
审判庭或法庭名称：民事四庭			接收人：王宇						
审判长：许晴　　承办人：许晴　其他合议庭成员：李锐、王莉　书记员：奕帆									
参加诉讼的代理人　　人，其中代理律师　　人，法律援助律师　　人									
回避申请人：　　　　　申请回避原因：　　　　　申请回避结果：									
不公开审判（　）　　不公开审判的法律依据：									
排期日程	庭次	开庭时间	开庭地点	法庭记录员	扣除审限期间	案件中止审理及其他法定扣除审限原因	批准延长审限时间	申请延长审限原因
2016 年 07 月 29 日	1	2016 年 08 月 12 日 10 时 10 分	第十审判庭	奕帆	年　月　日 至 年　月　日		三个月	案情疑难复杂
					年　月　日 至 年　月　日			

提出管辖异议人名称：		对管辖异议处理结果：	
法定审限：共 92 日，实际审理　176　　日			
超审限（　）　　超审限原因：			
承办人报批日期：　年　月　日	审判长审签日期：　年　月　日	庭长审签日期：　年　月　日	
院长审签日期：　年　月　日	审委会讨论决定日期：　年　月　日	审委会讨论决定后院长签发日期：　年　月　日	
结案方式	维持		
二审改判情况			
改判原因：		发回重审原因：	
当庭宣判：　　　宣判日期：　　　裁判文书送达日期：　　　　送达人：			
结案案由：	追偿权纠纷：		
结案标的金额：380.00 万元	结案日期：2016 年 12 月 29 日		
结案信息统计在 2016 年 12 月法综 11（14、17、20、22）31、32（33）、35 表			
备注：			

承办人：　　　　　　　　　　　　　　　　　　　　审判长或庭长：

平阳市高新技术产业开发区人民法院
报送上（抗）诉案件函

（2015）×平新民初字第××××

平阳市中级人民法院：

我院审理 原告王勇与被告李小江等追偿权 一案，已经作出（2015）×平新初字第××××号民事判决（裁定），并于／年／月／日宣判。李小江、周小凤、王梅、赵东在法定期间提出上诉，我院已办好上诉状副本的送达手续，并已代收上诉案件受理费／元。现将该案全部案卷材料报送你院，请查收。

附件：1. 案卷贰宗，物证／件；

2. 上诉状壹份，抗诉书／份，答辩状／份。

2016 年 6 月 16 日

平阳高新技术产业开发区人民法院
民事判决书[*]

【2015】　×平新民初字第××××号

原告王勇，男，1976 年 9 月 13 日出生，住平阳市清河区。

委托代理人李曼玲，H 中正律师事务所律师。代理权限：一般代理。

被告：李小江，男，1979 年 12 月 7 日出生，住平阳高新技术产业开发区。

委托代理人郭辉，H 东升律师事务所律师。代理权限：一般代理。

被告：周小凤，女，1982 年 11 月 2 日出生，住平阳高新技术产业开发区。系李小江之妻。

被告：王梅，女，1984 年 12 月 6 日出生，住平阳高新技术产业开发区。

委托代理人郭辉，H 东升律师事务所律师。代理权限：一般代理。

---

* 此案例为真实案例，为保护当事人隐私，人名、地名均为虚构。下同。

被告：赵东，男，1979 年 3 月 17 日出生，住平阳高新技术产业开发区。系王梅丈夫。

被告平阳市天泉汽车零部件有限公司（以下简称天泉公司），住所地：平阳高新技术产业开发区米庄居委会。

法定代表人：李侯果，天泉公司经理。

原告王勇诉被告李小江、王梅、天泉公司追偿权纠纷一案，本院于 2015 年 11 月 3 日受理后，依据原告的申请，于同年 11 月 19 日依法追加周小凤、赵东为本案被告参加诉讼。本院依法组成合议庭，于 2015 年 12 月 28 日公开开庭进行了审理。原告王勇的委托代理人李曼玲，被告李小江、王梅及其共同委托代理人郭辉，被告赵东，被告周小凤，被告天泉公司的法定代表人李侯果到庭参加了诉讼。本案现已审理终结。

原告王勇诉称，2013 年 7 月 15 日，原告王勇与被告李小江、王梅、天泉公司及张永健签订借款协议，约定被告李小江、王梅因周转需要向张永健借款人民币 300 万元，借款期限自 2013 年 7 月 15 日起至 2013 年 8 月 14 日止，若被告李小江、王梅不能按期还款，应按应还金额日 1% 向张永健支付违约金。原告王勇、被告天泉公司提供连带责任保证担保，并且承诺若该笔借款到期不能偿还，自愿无条件履行还款义务。借款到期后，被告李小江、王梅未能及时还款，经张永健索要，原告王勇于 2014 年 3 月 6 日代偿本金 300 万元，并且按月息 3% 支付利息（至 2014 年 3 月 6 日）69 万元，合计代偿借款本息 369 万元。因被告李小江与周小凤，被告王梅与赵东系夫妻关系，上诉借款系在其夫妻关系存续期间发生，属于夫妻共同债务，且保证人在履行保证义务后，有权向借款人、担保人追偿。原告王勇作为连带责任保证人，替被告李小江、王梅代偿借款本息 369 万元，在向被告李小江、王梅追偿后，对于不能追偿的部分，可以向天泉公司追偿。天泉公司与原告王勇未约定内部的担保份额比例，应按平均份额分担。故请求法院判令：1. 被告李小江、周小凤、王梅、赵东偿还原告代偿的借款本金 300 万元及利息 69 万元，并自 2014 年 3 月 7 日起至被告李小江、周小凤、王梅、赵东实际还款之日止，按中国人民银行同期同类贷款利率向原告支付利息；2. 被告天泉汽车零部件有限公司对被告李小江、王梅不能向原告清偿部分，承担平均清偿责任；3. 本案诉讼费用由被告承担。

被告李小江、王梅共同答辩称，原告诉讼请求不成立，本案实际借款人是王成，被告李小江、王梅只是受王成委托借款，现王成已将借款偿还，请求依法驳回原告的诉请。

被告赵东、周小凤辩称，被告王梅、李小江在借款协议上签字的情况二被告不知情，且借款也未用于家庭支出，请求依法驳回原告诉讼请求。

被告天泉公司辩称，天泉公司法定代表人于 2014 年年底才由李小江变更为李侯果，对于 2013 年度的借款不知情。

原告王勇为支持其主张成立，向本院举出了下列证据：

1. 《借款协议》、借条、收条各一份；连带责任保证函二份。证明被告李小江、王梅与案外人张永健存在真实的借款合同关系，案外人张永健已按照合同约定向被告李小江、王梅提供了 300 万元借款，原告王勇、被告天泉公司为李小江、王梅提供连带保证的事实。被告李小江、王梅经质证对该组证据的真实性无异议，但认为本案的实际借款人系王成；被告周小凤、赵东经质证，认为对借款事实并不知情，且借款也未用于家庭生活开支；被告天泉公司经质证，认为对借款担保的事实不清楚。本院对该组证据的真实性予以采信，对于原告的证明目的，待本院结合其他证据后再予以分析评判。

2. 结婚登记审查处理表二份。证明被告李小江与周小凤系夫妻关系、被告王梅与赵东系夫妻关系。被告李小江、周小凤、王梅、赵东、天泉公司对该组证据真实性均无异议，本院对该组证据的真实性予以采信。

3. 企业工商登记信息表。证明被告天泉公司的企业基本信息及变更信息。被告李小江、周小凤、王梅、赵东、天泉公司对该组证据的真实性均无异议。本院对该组证据的真实性予以采信。

4. 收条二份、银行转账明细表八份。证明原告王勇于 2014 年 3 月 6 日代为偿还了被告李小江、王梅的借款本金，并代为偿还了借款利息和违约金。被告李小江、王梅质证对银行转账明细表的真实性无异议，但对收条不予认可，认为该笔借款已由王成偿还完毕；被告周小凤、赵东、天泉公司对该组证据不予质证。本院待结合其他证据后再予以分析评判。

被告李小江、王梅为反驳原告的主张，向本院举出了下列证据：

1. 银行流水明细、承诺书各一份。证明本案实际借款人是王成，被告王梅在收到 300 万元借款后即将此笔借款转给了王成的侄子王阳。原告王勇经质证对转账明细的真实性无异议，对承诺书的真实性请求法院依法核实，并且认为借款协议是张永健与李小江、王梅签订的，天泉公司系担保人，王成与被告李小江、王梅、天泉公司之间的关系原告并不知情；被告周小凤、赵东、天泉公司对该组证据无异议。本院对银行流水明细的真实性予以采信，对承诺书的真实性本院待结合其他证据后再予以综合评析。

2. 公司变更通知书、中国建设银行网上银行电子回单、收条。证明案外人王成系平阳金环汽车零部件有限公司（下称金环公司）实际控制人，2014 年 7 月 1 日，金环公司向张永健借款 500 万元，同日经张永健指定，该 500 万元借款从金环公司转入平阳市森宇车饰有限公司（下称森宇公司）账户，同日，森宇公司又将其中 380 万元转入张永健指定的平阳博众商贸有限公司账户，案外人王成已偿还了张永健的借款。原告王勇经质证对加盖公章的企业变更信息无异议，但认为银行与平阳金环汽车零部件有限公司、平阳市森宇车饰有限公司、平阳博众商贸有限公司之间的关系与本案无关联性；收条只能证明王成给张永健还款，但无法证明是本案诉争款项；被告周小凤、赵东、天泉公司经质证认为不清楚该节事实。本院待结合其他证据后再予以分析评判。

被告周小凤、赵东、天泉公司均未向本院提交证据。

诉讼中，本院为核实原告王勇已向案外人张永健履行了担保责任的事实，依法于 2016 年 1 月 7 日向工行牡丹支行查询原告的转款明细，经核实，2014 年 3 月 6 日，由王勇账户（卡号×××××××××××××）向张永健账户（卡号×××××××××××××）转款 300 万元。

结合原告、被告各方当庭举出的证据和陈述，以及本院依法调查核实的证据，本院认定以下事实：2013 年 7 月 15 日，被告李小江、王梅（甲方）与案外人张永健（乙方）、被告天泉公司（丙方）、原告王勇（丁方）签订了一份《借款协议》，协议约定：甲方因周转向乙方借款300万元，乙方于协议签订之日起将300万元借款转入甲方指定的王梅账户；借款期限自2013年7月15日起至2013年8月14日止，合同期内未约定利息，若甲方不能按期还款，应按应还款的日百分之一（即3万元）向乙方支付违约金，任何一方违约均按借款总金额的30%承担违约责任；丙方和丁方自愿为甲方的借款提供连带责任保证担保等内容。同日，原告王勇与被告天泉公司分别向案外人张永健出具了连带责任保证函，承诺该笔借款到期不能偿还，自愿无条件履行还款义务。《借款协议》签订当日，案外人张永健按协议约定向甲方指定的王梅账户上转账300万元，被告王梅于同日向案外人张永健出具了收条。上述借款到期后，被告李小江、王梅未按约履行还款义务。案外人张永健要求原告王勇承担保证责任，原告王勇遂分别于2013年11月6日、12月6日、2014年1月14日、2月10日、2月17日共计向张永健支付利息69万元，并于2014年3月6日向张永健支付借款本金300万元，案外人张永健于同日向原告出具收条一份，内容为："今收到王勇代为李小江、王梅偿还2013年7月15日所借款项三百万元整（3 000 000.00），收款人：张永健。"同日，张永健还向原告出具收条一份，内容为："今收到王勇代为李小江、王梅偿还本金及利息。月息为3%支付。收款人：张永健。"

被告李小江、王梅于2013年7月15日收到从张永健账户转入王梅账户上的300万元后，于同日又将300万元转入案外人王阳账户上。庭审中，被告李小江、王梅向本院举出由案外人王成出具的承诺函一份，证明上述借款系王成委托李小江、王梅向张永健借的，王阳系王成侄子，该款系王成所借，与被告李小江、王梅、天泉公司无关。被告李小江、王梅还向本院举出了一份案外人张永健出具的收条一份，内容为：今收到王成还款三百八十万元整（3 800 000元），此款于2014年7月1日转入平阳博众商贸有限公司汉口银行平阳分行账号××××××××××××××，收款人：张永健，2014年7月1日。

本院为查明案件事实，依法向案外人张永健进行调查，张永健陈述：该300万元借款是由原告王勇介绍李小江、王梅二人向我借款的，借款原因是天泉公司需偿还银行到期贷款，需要过桥资金，由李小江、王梅作为借款人，王勇作为担保人，我是与李小江、王梅签订的个人借款，借款时我不认识王成，只知道李小江是天泉公司的法人代表，王梅是公司会计，该300万元借款到底谁在实际支配我不清楚；关于2014年7月1日我向王成出具的收条，是我与王成发生的其他借贷业务，与本案300万元借款无关。

另查明，被告李小江、周小凤于2006年6月13日登记结婚；被告王梅与赵东于2004年12月30日登记结婚。

还查明，天泉公司于2011年3月21日成立，工商登记资料显示，2014年11月4日，天泉公司股东由王成、汪亮、朱少勇、胡园、李小江变更为李小江、王成；2014年11月26日，天泉公司法定代表人由李小江变更为李侯果。借款时，被告李小江系被告天泉公司法定代表人，被告王梅系天泉公司会计。

上述事实，有借款协议、收据、收条、转款凭证、结婚登记审查处理表、工商登记信息、双方当事人的陈述及本院的调查材料等证据证实，足以认定。

本院认为，原告王勇与被告李小江、王梅及案外人张永健签订的《借款协议》，不违反国家相关法律、法规的规定，属有效合同。被告李小江、王梅辩称，本案实际借款人是王成，被告李小江、王梅只是受王成委托进行借款，且该借款王成已实际偿还完毕。经查，案外人张永健于《借款协议》签订同日已向王梅账户转款300万元，被告李小江、王梅也向张永健出具了借条，综上，本院认为，二被告辩称其是受案外人王成的委托向张永健借款，但未向本院举出相关授权手续的证据，被告虽举出了案外人王成出具的承诺书，但其未出庭作证，且原告对此亦不予认可，本院依法对出借人张永健进行调查，张永健对王成委托李小江、王梅进行借款的事实亦不予认可；出借人张永健按《借款协议》约定将出借资金转入指定的王梅账户后，借款人李小江、王梅如何使用该借款，是对自己权利的处分，与出借人无关，故被告李小江、王梅辩称其是受王成的委托进行借款的事实，证据不足，本院不予采信；被告李小江、王梅还辩称该借款王成已实际偿还完毕的理由，经查，庭审中，二被告举出了中国建设银行网上银行电子回单、收条证明案外人王成系金环公司实际控制人，2014 年 7 月 1 日，金环公司向张永健借款 500 万元，同日经张永健指定，该 500 万元借款从金环公司转入森宇公司账户，同日森宇公司又将其中 380 万元转入张永健指定的平阳博众商贸有限公司账户。本院认为，二被告举出的上诉证据从借款主体上来看，与本案没有关联性；对于张永健出具的收条，案外人王成亦未出庭作证，经本院调查，案外人张永健认为该收条中还款 380 万元系王成个人借款，与本案不是同一借款事实，故本院对二被告的该辩称理由亦不予支持。关于原告王勇是否有权向债务人李小江、王梅追偿的问题。本院认为，原告王勇在为被告李小江、王梅的上述借款提供连带责任保证后，因被告李小江、王梅未能按约履行还款义务，原告于 2014 年 3 月 6 日前已向债权人张永健偿还了借款 300 万元及利息 69 万元。根据《中华人民共和国担保法》第十八条第二款的规定，债务人在债务履行期满未履行债务的，债权人可以要求债务人履行债务，也可以要求保证人在其保证范围内承担保证责任。故原告王勇在承担保证责任后，有权向债务人追偿。关于原告代偿的利息 69 万元是否合法的问题。本院认为，《借款协议》中并未约定借款期限内利息，故该借款期限内不应计算利息；《借款协议》约定逾期利息为日 1%，超出《最高人民法院关于审理民间借贷案件适用法律若干问题的规定》关于民间借贷利率最高不超过年利率 36% 的规定，超出部分的利息约定无效，原告于 2014 年 3 月 6 日偿还借款 300 万元，故原告代偿利息期间应从 2013 年 8 月 15 日至 2014 年 3 月 5 日，共 202 天，其利息应为 597 698.63 元（300 万元 × 36% ÷ 365 天 × 202 天），原告主张的借款利息超出部分，本院不予支持，其可向案外人张永健主张返还。原告代为被告李小江、王梅偿还了上述借款本金 300 万元及利息 597 698.63 元，其有权向被告李小江、王梅追偿。原告请求由被告李小江、王梅支付从原告履行保证责任的次日即 2014 年 3 月 7 日起按中国人民银行同期贷款利率计算的利息的理由，本院认为，因被告李小江、王梅支付从原告履行保证责任的次日即 2014 年 3 月 7 日起按中国人民银行同期贷款利率计算的利息的理由，本院认为，因被告李小江、王梅未及时偿还借款，应当支付原告资金被占用期间的利息，故该利息损失应由被告李小江、王梅承担，原告自愿主张该利息从原告履行保证责任的次日即 2014 年 3 月 7 日起按中国人民银行同期贷款利率计算利息。原告请求被告周小凤、赵东为李小江、王梅的借款承担共同赔偿责任的理由，本院认为，被告周小凤与李小江系夫妻关系、赵东与王梅系夫妻关系，被告周小凤、王梅的借款行为分别发生在与各自配偶周小凤、赵东婚姻存续期间，被告周小凤、赵东在本案诉讼中均未提供证据证明本案借款系被告李小江、王梅的个人债务。故被告周小凤、赵东应为被告李小江、王梅的债务承担共同赔偿责任。原告还请求被告天泉公司在被告李小江、王梅向原告清偿不能部分，承担平均清偿责任的理由，本院认为，依照《最高人民法院关于适用〈中华人民共和国担保法〉若干问题的解释》第二十条第二款的规定：连带共同保证的保证人承担保证责任后，向债务人不能追偿的部分，由各连带保证人按其内部约定的比例分担，没有约定的，平均分担。本案中，保证人王勇已承担了保证责任，被告天泉公司作为同一借款合同中的保证人，未约定各连带保证人之间按何种比例分担责任，故被告天泉公司依法应当在债务人李小江、王梅未偿还的借款本息部分向原告王勇承担 50% 的偿还责任。被告天泉公司在承担保证责任后，可以根据《中华人民共和国担保法》第三十一条的规定，向被告李小江、王梅追偿。综上，依照《中华人民共和国担保法》第十八条、第三十一条，《最高人民法院关于适用〈中华人民共和国担保法〉若干问题的解释》第二十条、《最高人民法院关于适用〈中华人民共和国婚姻法〉若干问题的解释（二）》第二十四条、《最高人民法院关于审理民间借贷案件适用法律若干问题的规定》第二十五条、第二十六条、第二十九条之规定，判决如下：

一、被告李小江、王梅于本判决生效之日起十日内给付原告王勇代其偿还的借款本息 3 597 698.63 元；并支付原告资金占用期间的利息（此利息从 2014 年 3 月 7 日起以 3 597 698.63 元为基数按中国人民银行同期贷款利率计算至本判决确定的给付之日止，若有超出年利率 6% 期间范围的利息则按年利率 6% 计算）；

二、被告周小凤、赵东对被告李小江、王梅前述债务承担共同清偿责任；

三、被告天泉公司在被告李小江、王梅、周小凤、赵东向原告王勇清偿不足部分承担 50% 的清偿责任；

四、驳回原告王勇其他的诉讼请求。

如果未按本判决指定的期间履行给付金钱义务，应当依照《中华人民共和国民事诉讼法》第二百五十三条之规定，加倍支付迟延履行期间的债务利息。

案件受理费 36 320 元，财产保全费 5 000 元，合计 41 320 元，由被告李小江、王梅负担。

如不服本判决，可在判决书收到之日起十五日内向本院递交上诉状，并按对方当事人人数提出副本，上诉于 H 省平阳市中级人民法院。上诉人应在提交上诉状时，根据不服本判决的上诉请求数额及《诉讼费用交纳办法》第十三条第一款的规定，预交上诉案件受理费，款汇 H 省平阳市中级人民法院，开户银行：中国农业银行平阳万山支行，户名：H 省平阳市中级人民法院，账户 17 – 451701040001338。上诉人也可以将上诉案件受理费交给本院或直接到平阳市中级人民法院交费。上诉人在上诉期满后七日内仍未预交诉讼费用的，按自动撤回上诉处理。

审判长：王　伟

审判员：温　若

审判员：张　燕

二〇一六年五月三日

本件与原本核对无异

书记员：张　平

（院印）

民事上诉状

上诉人：李小江，男，1979 年 12 月 7 日出生，住平阳高新技术产业开发区。

上诉人：周小凤，女，1982 年 11 月 2 日出生，住平阳高新技术产业开发区。系李小江之妻。

上诉人：王梅，女，1984 年 12 月 6 日出生，住平阳高新技术产业开发区。

上诉人：赵东，男，1979 年 3 月 17 日出生，住平阳高新技术产业开发区。系王梅丈夫。

被上诉人：王勇，男，1976 年 9 月 13 日出生，住平阳市清河区。

上诉请求：

1. 请求二审法院依法撤销一审错误判决，予以改判或发回重审；

2. 上诉费由被上诉人承担。

事实和理由：

原审法院认定的基本事实认定不清：

一、本案债务人并非上诉人，应为案外人王成，且债务已由案外人王成清偿完毕

1. 上诉人向原审法院提交的由案外人王成出具的承诺书完全能够证明该笔借款系其委托上诉人李小江、王梅与案外人张永健签订借款协议，并且相关钱款也是由王成使用，更何况上诉人李小江、王梅在与案外人张永健签订借款协议前与案外人张永健和被上诉人王勇之间互不相识，并且上诉人王梅在订立借款协议时仅系天泉公司的会计出纳，上诉人李小江系技术入股的股东，二人本身既无能力也无其他用途使用这笔对于普通人来说似天文数字般的钱款。由案外人王成出具的承诺书恰恰能够证明其与上诉人李小江、王梅之间的关系及资金去向，既然上诉人李小江、王梅系接受委托代为签订借款合同，代收相关借款，那么其二人作为代理人实施民事行为的法律后果应当直接由被代理人承担，在本案中即应当由案外人王成承担。

2. 上诉人李小江、王梅向原审法院提交的由案外人张永健于 2014 年 7 月 1 日出具的收条明确证明了两个问题：第一，其本人与案外人王成之间相互认识，这也恰好印证了上诉人李小江、王梅二人与张永健不认识的情况下为什么在借款协议上签字的原因，即李小江、王梅在本案中与案外人王成之间是委托代理关系。第二，该笔借款已经由案外人即本案中真正的债务人王成清偿完毕。既然本案中案外人已将相关债务清偿完毕，原审法院仍判决由上诉人偿还本金及利息，上诉人认为该判决错误。

二、上诉人周小凤、赵东不应当承担债务

原审法院判决中已认定的事实："被告李小江、王梅于 2013 年 7 月 15 日收到从张永账户转入王梅账户上的 300 万元后，于同日又将 300 万元转入案外人王阳账户上……""案外人张永健陈述：该 300 万元借款是由原告王勇介绍李小江、王梅二人向我借款的，借款原因是天泉公司需偿还银行到期贷款，需要过桥资金……"这两段内容说明：案外人张永健所认为的借款原因是天泉公司需要过桥资金，而事实上，天泉公司在工商部门登记的公司类型为有限责任公司，上诉人李小江作为公司股东，王梅作为公司会计，案外人王成作为公司股东，即便是借款，也是为天泉公司经营需要，而非个人使用，那么该笔债务也应当由天泉公司承担。相关债务并未流入上诉人的家庭，上诉人的家庭也从未使用该笔借款用于家庭生活，因此，原审法院判决该笔借款为夫妻共同债务，上诉人认为判决错误。

综上，上诉人认为，一审判决认定事实不清。现上诉人依法提起上诉，请二审人民法院依法查明事实后，撤销原判决，发回重审或予以改判。

此　致
平阳市中级人民法院

上诉人：李小江、周小凤、

王梅、赵东

2016 年 5 月 27 日

缓交（减免）上诉费申请书

申请人：李小江，男，1979 年 12 月 7 日出生，住平阳高新技术产业开发区。

申请人：周小凤，女，1982 年 11 月 2 日出生，住平阳高新技术产业开发区。系李小江之妻。

申请人：王梅，女，1984 年 12 月 6 日出生，住平阳高新技术产业开发区。

申请人：赵东，男，1979 年 3 月 17 日出生，住平阳高新技术产业开发区。系王梅丈夫。

申请事项：

申请人与被上诉人王勇追偿权纠纷上诉一案，申请缓交（减免）上诉费。

申请理由：

申请人与被上诉人王勇追偿权纠纷上诉一案，现由于申请人相关家庭财产及银行账户已被平阳市高新技术产业开发区人民法院依法查封冻结，且无其他收入来源，家庭生活非常困难，无力缴纳本案上诉费用，现依法向贵院提出申请缓交（减免）上诉费，望贵院批准为盼！

此　致
平阳市中级人民法院

申请人：李小江、周小凤、

王梅、赵东

2016 年 5 月 27 日

H 省平阳市中级人民法院

申请缓、减、免交案件受理费审批表

申请人	李小江、周小凤、王梅、赵东	对方当事人	王勇、平阳市天泉汽车零部件有限公司
案号		案由	追偿权纠纷
应交费用总额	39 612.00 元	申请缓交金额	39 612.00 元
申请减交数额		申请免交数额	
申请时间理由依据	申请人因经济困难，现无力缴纳二审案件诉讼费用，申请缓交二审案件诉讼费		
合议庭审查意见	经审查，申请人未提交任何证明材料，此情况不符合《诉讼费用缴纳办法》第四十七条的规定，建议不同意其缓交二审案件诉讼费。 经办人：王丽　　2016 年 7 月 5 日		
部门领导审查意见	不予缓交 邓军　　2016 年 7 月 5 日		
分管院长审批意见			
院长审批意见			
申报说明	办理该审批，须附申请人的申请书，以及证实申请人申请符合缓、减、免交费用情形的证明材料		

平阳市中级人民法院
催交二审案件受理费通知

李小江、周小凤、王梅、赵东：

　　你们因与王勇、平阳市天泉汽车零部件有限公司追偿权纠纷一案，不服平阳市高新技术产业开发区人民法院【2015】×平新民初字第××××
×号民事判决，向本院提起上诉。你们应当预交上诉案件受理费 39 612
元，你们以经济困难为由，向本院提出缓交、减免诉讼费申请。经本院审查，你们未提供任何证明材料，此情况不符合《诉讼费用缴纳办法》第四十七条的规定，故不同意你们缓交诉讼费申请。限你们在接到本通知后七日内向本院民四庭许晴法官（本案的主审法官）联系。否则，本院将以你们在期限内未预交上诉案件受理费为由，将本案按自动撤回上诉处理。

二〇一六年七月二十日

（院印）

H 省平阳市中级人民法院
送达回证
（各类案件通用）

案由	追偿权纠纷
案号	（2016）×06 民终×××号
送达文书名称和份数	诉讼费通知书
受送达人	李小江、周小凤、王梅、赵东
送达地址	
受送达人签名或盖章	王梅、李小江、周小凤、赵东　　　　　　2016 年 8 月 3 日
代收人及代收理由	
备考	

填发人：许晴　　　　送达人：

注：① 送达刑事诉讼文书，按照《刑事诉讼法》第一百零五条的规定办理；送达民事、行政诉讼文书，按照或参照《民事诉讼法》第八十四条、第八十五条的规定办理。

② 代收诉讼文书的，有代收人签名或盖章后，还应注明其与受送达人的关系及代收理由。

H 省人民法院诉讼费专用票据（略）

上诉人身份证复印件（略）

授权委托书

委托人：李小江，男，1979 年 12 月 7 日出生，住平阳高新技术产业开发区。

委托人：周小凤，女，1982 年 11 月 2 日出生，住平阳高新技术产业开发区。系李小江之妻。

委托人：王梅，女，1984 年 12 月 6 日出生，住平阳高新技术产业开发区。

委托人：赵东，男，1979 年 3 月 17 日出生，住平阳高新技术产业开发区。系王梅丈夫。

受委托人姓名：李殊、余阳州　　职务：律师

联系电话：×××××××××××

工作单位：H 中正律师事务所

现委托上列受委托人在委托人与王勇追偿权纠纷一案二审阶段，作为我方代理人。代理人的代理权限为：特别授权代理，包括代为调解、和解，代为承认放弃、变更诉讼请求，代为撤诉，代收法律文书。

委托人：李小江、王梅、周小凤、赵东

2016 年 8 月 8 日

H 中正律师事务所　　函

平阳市中级人民法院：

你院受理的李小江、王梅等与王勇民间借贷权追偿纠纷案件，现在李小江、王梅等已委托本所李殊律师、余阳州律师为其诉讼代理人。

特此函告。

H 中正律师事务所印

2016 年 8 月 8 日

平阳高新技术产业开发区人民法院
送达回证
（各类案件通用）

案由	追偿权纠纷
案号	（2015）×民初×××号
送达文书名称和份数	上诉状副本
受送达人	王勇
送达地址	
受送达人签名或盖章	王勇　　　　　　　　　　2016 年 5 月 30 日
代收人及代收理由	
备考	

　　填发人：　　　　送达人：

　　注：① 送达刑事诉讼文书，按照《刑事诉讼法》第一百零五条的规定办理；送达民事、行政诉讼文书，按照或参照《民事诉讼法》第八十四条、第八十五条的规定办理。

　　② 代收诉讼文书的，有代收人签名或盖章后，还应注明其与受送达人的关系及代收理由。

被上诉人身份证复印件（略）

H 省平阳市中级人民法院
传票（存根）

案号	（2016）×06 民终×××号
案由	追偿权纠纷
被传唤人	李小江、周小凤、王梅、赵东
工作单位或地址	
传唤事由	开庭
应到时间	2016 年 8 月 12 日 9 时　　分
应到处所	平阳市中级人民法院
备考	

审判员：李锐

书记员：王丹

2016 年 7 月 28 日（院印）

H 省平阳市中级人民法院
传票（存根）

案号	（2016）×06 民终×××号
案由	追偿权纠纷
被传唤人	平阳市天泉汽车零部件有限公司
工作单位或地址	
传唤事由	开庭
应到时间	2016 年 8 月 12 日 9 时　分
应到处所	平阳市中级人民法院
备考	
	审判员：李锐 书记员：王丹 2016 年 7 月 28 日（院印）

传票（存根）

案号	（2016）×06 民终×××号
案由	追偿权纠纷
被传唤人	王勇
工作单位或地址	
传唤事由	开庭
应到时间	2016 年 8 月 12 日 9 时　分
应到处所	平阳市中级人民法院
备考	
	审判员：李锐 书记员：王丹 2016 年 7 月 28 日（院印）

179

H 省平阳市中级人民法院
送达回证
（各类案件通用）

案由	追偿权纠纷
案号	（2016）×06 民终×××号
送达文书名称和份数	传票
受送达人	李小江、周小凤、王梅、赵东
送达地址	
受送达人签名或盖章	王梅、李小江、周小凤、赵东　　2016 年 7 月 28 日
代收人及代收理由	
备考	

　　填发人：许晴　　　　送达人：

　　注：① 送达刑事诉讼文书，按照《刑事诉讼法》第一百零五条的规定办理；送达民事、行政诉讼文书，按照或参照《民事诉讼法》第八十四条、第八十五条的规定办理。

　　② 代收诉讼文书的，有代收人签名或盖章后，还应注明其与受送达人的关系及代收理由。

H 省平阳市中级人民法院
送达回证
（各类案件通用）

案由	追偿权纠纷
案号	（2016）×06 民终×××号
送达文书名称和份数	传票
受送达人	平阳市天泉汽车零部件有限公司
送达地址	
受送达人签名或盖章	平阳市天泉汽车零部件有限公司　　2016 年 7 月 28 日
代收人及代收理由	
备考	

　　填发人：许晴　　　　送达人：

　　注：① 送达刑事诉讼文书，按照《刑事诉讼法》第一百零五条的规定办理；送达民事、行政诉讼文书，按照或参照《民事诉讼法》第八十四条、第八十五条的规定办理。

　　② 代收诉讼文书的，有代收人签名或盖章后，还应注明其与受送达人的关系及代收理由。

H 省平阳市中级人民法院
送达回证
（各类案件通用）

案由	追偿权纠纷
案号	（2016）×06 民终×××号
送达文书名称和份数	传票
受送达人	王勇
送达地址	
受送达人签名或盖章	王勇　　　　2016 年 7 月 28 日
代收人及代收理由	
备考	

填发人：许晴　　　送达人：

注：① 送达刑事诉讼文书，按照《刑事诉讼法》第一百零五条的规定办理；送达民事、行政诉讼文书，按照或参照《民事诉讼法》第八十四条、第八十五条的规定办理。

② 代收诉讼文书的，有代收人签名或盖章后，还应注明其与受送达人的关系及代收理由。

平阳市中级人民法院
公　　告

本院定于　　2016 年 8 月 12 日 9 时　　分在平阳市中级人民法院××审判庭　公开审理　李小江、王梅、周小凤、赵东诉王勇追偿权纠纷一案。

特此公告。

2016 年 7 月 29 日

（院印）

注：本公告已于 2016 年 7 月 29 日张贴。

书记员（签名）：王丹

181

H省平阳市中级人民法院
民事案件审理笔录

审理时间：2016年8月12日上午

审理地点：第十审判庭

审判长：H省平阳市中级人民法院民事审判第四庭，依照《中华人民共和国民事诉讼法》第40条第1款、第41条、第134条、第136条、第137条、第169条之规定。今天在本院审理李小江、周小凤、王梅、赵东诉王勇、原审被告平阳市天泉汽车零部件有限公司追偿权纠纷一案。

核对当事人及上诉其人（方）诉讼参加人基本情况。

李小江、王梅 到庭

周小凤、赵东 未到庭

共同委托代理人李殊，H中正律师事务所律师 到庭

核对被上诉人（方）诉讼参加人基本情况。

王勇 到庭

核对原审第三人（或原审原告、原审被告√）（方）诉讼参加人基本情况。

平阳市天泉汽车零部件有限责任公司 未到庭

根据《中华人民共和国民事诉讼法》的有关规定，本案由审判员许晴担任审判长，审判员王莉、李锐。书记员王丹担任记录。

根据《中华人民共和国民事诉讼法》第44条、第45条、第46条、第47条之规定，当事人认为案件审判人员与本案有利害关系或其他关系，可能影响案件的公正审理，可以申请回避（就是当事人有权依法要求本案的审判人员退出本案的审理），但应当说明事由。

上诉人听清了吗？

答：听清了。

是否申请回避？

答：不申请。

被上诉人听清了吗？

答：听清了。

是否申请回避？

答：不申请。

根据《中华人民共和国民事诉讼法》第 8 条、第 11 条、第 12 条、第 13 条、第 48 条、第 49 条、第 50 条、第 51 条、第 52 条、第 125 条、第 139 条、第 140 条、第 147 条之规定，双方当事人有权就案件事实和争议的问题陈述自己的主张并举证，可以互相辩论或委托他人代为辩论；还可以依法处分自己的民事权利和诉讼权利；双方当事人可以自行和解也可以请求调解；上诉人可以放弃或变更诉讼请求，被上诉人可以承认或反驳诉讼请求；当事人可以提供新的证据，经法庭许可，可以向证人、鉴定人、勘验人发问，可以要求重新调查、鉴定、勘验，但是否准许，由人民法院决定。

下面宣布当事人在诉讼过程中的诉讼义务。

根据《中华人民共和国民事诉讼法》第 49 条第 3 款之规定，当事人必须依法行使诉讼权利自觉履行诉讼义务，遵守诉讼秩序。根据《中华人民共和国人民法院法庭规则》第 4 条、第 11 条、第 12 条之规定，还应遵守法庭规则，不得喧哗、吵闹。对违反法庭规则的，经警告制止无效将责令退出法庭或者依法追究刑事责任。

根据《中华人民共和国民事诉讼法》第 143 条、第 144 条、第 145 条、第 147 条之规定，经传票传唤，无正当理由拒不到庭的，或未经许可中途退庭的，对上诉人人民法院可以按撤诉处理，对被上诉人可以缺席判决。上诉人要求撤诉未获批准，经传票传唤，无正当理由拒不到庭的，人民法院可以缺席判决。当事人和其他诉讼参加人应在庭审笔录中签名或盖章，拒绝签名盖章的由书记员记明情况附卷。

以上宣布的当事人在诉讼过程中的诉讼权利和义务，上诉人听清了吗？

答：听清了。

审判长：被上诉人听清了吗？

答：听清了。

审：天泉公司经正当传票传唤没有到庭。现在进行法庭调查，首先由上诉人宣读上诉状。

上：宣读上诉状（略，详见卷内）。变更一点，驳回王勇的全部诉讼请求，一审和二审诉讼费用由被上诉人负担。

审：被上诉人进行答辩。

被：没有补充，同意一审判决结果。

审：根据双方诉辩意见，本庭归纳以下争议焦点：借款人是谁？借款是否已经清偿？

审：上诉人有无新证据？

上：有（详见证据目录）。证据一、见举证目录。

审：证据一之1，王阳转账给张永健18万元是什么意思？

上：因为没有约定利息，还款保证金。

审：就是以后还款后要冲抵的？

上：是的。

审：保证金有书面约定吗？

上：没有。

审：先通知王成出庭。你说一下自己的基本情况和本庭当事人的关系。

证人王成：1970年出生，住未来城，目前无业，我是天泉公司的实际控制人，李侯果是因为公司的需要要她当的法定代表人。我投资的钱组建的公司，李小江投的技术。我是通过王梅认识的赵东，王梅也是H星星棉业有限公司的员工，这个公司我也是实际控制人，她也在平阳市信达机电公司做过，我当时也是公司的实际控制人。我对这三个公司都投钱了，她也就在里面工作过。我认识王勇，是通过建行胡松，在我家住了一年多，找我要钱。

审：今天审理的案子，由上诉人申请你作证，你要如实作证。

王成：我和张永健之间一共发生的债务关系有 1 570 万元，有 3 笔，2013 年 7 月我人在北京，委托李小江等去向张永健借款 300 万元，请王勇做担保。李小江和王勇不认识。借款的前提条件是要打 18 万元的保证金，所以我先转款给他保证金后他再打款给我们。在 2013 年 8 月 14 日从王成的账户转账到张永健的账户又给他转了 18 万元，还了 18 万元，未约定本息。2013 年 10 月 22 日王阳转给王勇担保人 18 万元。在 2014 年 1 月 16 日，从王成的账户转王勇 9 万元。2014 年 1 月 30 日，我本人去向张永健借款 770 万元，交了 23.1 万元的保证金，当天签的有合同，但是我没有留，分别转入天泉 H 银行账户 500 万元，信达机电建行账户 270 万元，我收到了 770 万元借款。大概 2014 年 3 月，我给张永健公司的李巍转账 20 万元，还张永健的钱，我现在区分不清楚是还的哪一笔，李巍是其中的股东。2014 年 7 月 1 日我公司森宇公司转给张永健的博众公司 380 万元，还他的钱。在 2014 年 8 月 18 日从工行王阳转给张永健 50 万元还款。2014 年 10 月 11～12 日分 7 笔，从我的和王阳的账上给张永健、张永强转 50 万元，还钱。2014 年 10 月 15 日王阳和李海向张永健借款 500 万元，借了一个小时，然后 1 小时后还了张永健 1 000 元万的承兑汇票，汇票的名字是天泉，当天张永健又转给王阳 50 万元。10 月以后，王勇又从李小江那儿拿了 7 万元，有银行转账凭证。综上，我从张永健那的总借款 1 570 万元，包括 7 万元，总还款 1 543.1 万元。

审：你在公司现在任什么职务？

王成：现在没任职。

审：2013 年 7 月 15 日借款 300 万元还清了吗？

王成：还没对账，肯定还差他钱。

上：你或者你的公司或委托人与王勇之间有无借贷往来？

王成：没有，只请他做过担保，就是 300 万元那一笔。

被：我没有发问的。

审：王成，一审时被告提交的承诺书是你写的吗？

王成：是的。

审：你知道王勇向张永健履行了担保责任吗？

王勇：不知道，直到起诉才知道。

审：主债务还欠多少？

被：他借的 300 万元，还了 300 万元，手续都在我手里。

审：你履行担保责任时对账主债务了吗？

被：条子在我这儿。

审：你调查了吗？

被：我跟张永健对账了的，算账一个月多少利息。

审：对账有无明细？

被：没有？

审：他拿什么跟你对账的？

被：时间长了，当时把东西反正都交给我，该还的我都还了。对方都找了。

王成：是找了我很多次，只是找我还钱，我早就跟他说了。

上：没有，我们不知情就偿还了。证人，李小江给王勇 7 万元是谁让转的？

王成：他给我说了之后，我让他转的。

审：没约定利息，那 69 万元是什么？

被：这是违约金，借一个月他还不起，按月息 3% 算的。

审：证人王阳出庭作证。你说一下自己的基本情况和本庭当事人的关系。

王阳：出生于年 1990 年 10 月 7 日，是王成的出纳，也是他的侄儿，我爸是他堂哥，我跟上诉人是同事，被上诉人找王成要钱认识的，现在住义乌商贸城。今天来作证证明我给王勇、张永健、张永强、李巍转钱都是王成让我转的，是他的钱，还张永健的借款。

审：300 万元的事你知道吗？

王阳：当时王成在北京，他电话委托李小江去跟张永健借钱，钱转给王梅，钱后来在一个小时内打在我卡上。

上：在转账过程中，你们双方怎么联系？

王阳：一般来说，要钱人先打王成的电话，要钱人然后再打我电话，我就办理转账。

审：录音、视频内容有重复的吗？

上：相互印证的。

审：因为胡松未到庭，所以录音等暂时先不提交。上诉人发表质证意见。

上：证人证言属实。

审：被上诉人发表质证意见。

被：转账是事实。证人证言有问题，声称还钱但是为什么没有收条？钱确实未还我才履行的担保责任。

上：证据二，详见证据目录。

审：本案诉争的主债务 300 万元你主张还了多少？

上：还完了，还有一张收条。

审：为什么只有 70 万元转账凭证？

上：还有 380 万元的。

被：跟本案无关，真实性不评价。

上：证据三详见证据目录。其中之 5、7 在一审举证过。

审：对证据三之 8 质证。

被：肯定该承担，按法律办。

审：被上诉人有无新证据？

被：无。

审：王勇，你跟张永健除本案外，还有其他资金来往？

被：有，但我认为跟本案无关。我跟张永健是多年朋友，通过别人介绍认识的王成，跟他并不熟。

审：你有没有提出先告，法院申清了再还？

被：当时要钱要的急。

上：在发生借贷关系之前你们认识吗？

被：我当时只认识公司。

审：双方还有问题发问吗？

被：没有了。

审：法庭调查结束，上诉人发表辩论意见。

上：详见答辩意见。一审法院认定事实错误，实际借款人和用款人都是王成，本案的法律适用错误，利息认定错误，过高。认定债务是王梅等的夫妻共同债务是错误的。本案程序违法，调查取证并没有询问当事人的意见。

审：被上诉人发表辩论意见。

被：事实就是事实，法院肯定会作出公正裁判，上诉人说的话是无稽之谈。

审：上诉人同意调解吗？

上：不同意。

审：鉴于一方当事人不同意调解，法庭不再支持调解，庭后择期宣判。双方当事人核对无误后签字，如有遗漏，可以予补正。现在休庭。

休庭

复庭

王勇与王梅、李小江借贷纠纷案证据目录

证据组别	证据编号	证据名称及类型	证据来源	证据内容	页码
第一组	1	王阳受王成委托，于2013年7月15日12：01左右向张永健转账18万元后，张永健则立即于2013年7月15日12：36左右向王成指定的王梅账户转账300万元/书证	上诉人提交	王成系向张永健借款的实际借款人，且张永健在知情且收到王成转账的18万元后，才立即向王成指定的王梅转账实际提供的借款300万元	1
	2	证人王成、证人王阳身份证复印件/证人证言	证人出庭作证	王成系向张永健借款的实际借款人	2

续表

证据组别	证据编号	证据名称及类型	证据来源	证据内容	页码
第一组	3	王成、王梅等人与胡松的谈话录音/视听资料	上诉人提交	王成系向张永健借款的实际借款人，王梅、李小江并非本案借款人，王勇明知王成在向张永健借款	7
第二组	4	王成、王阳给张永健、王勇转账凭证，共计70万元/书证	上诉人提交	王成系向张永健借款的实际借款人，且已经偿还70万元，计算本金及利息时应当扣除	5
第三组	5	王梅于2013年7月15日下午上班后14：08立即向王成指定的王阳账户转账300万元/书证	上诉人提交	证明王梅并非自己借款，而是王成借款，且该借款并未用于自己家庭夫妻共同生活	1
	6	张永健2016年1月14日下午的调查笔录/证人证言	上诉人提交	张永健知道该300万元借款是为公司偿还贷款，并未用于王梅、李小江的家庭夫妻共同生活	1
	7	一审庭审笔录		证明被上诉人王勇知道该300万元借款是为经营所需，并未用于王梅、李小江的家庭夫妻共同生活	1
	8	赵东出入境证明，2013年4月27日出，2013年11月17日入/书证	上诉人提交	证明王梅的丈夫赵东对300万元借款并不知情，不承担责任	2

有关证据材料（略）

王勇与李小江、王梅等民间借贷纠纷案二审代理词（庭审）

尊敬的审判长、审判员：

H中正律师事务所依法接受本案上诉人李小江、王梅等人的委托，指派我担任王勇与李小江、王梅等民间借贷纠纷案的二审诉讼代理人，接受委托和指派后，我仔细询问了当事人，收集了相关证据，进行了必要的调查，对本案有一个全面清楚的认识和了解，就本案的相关事实认定和法律适用问题发表如下代理意见：

一、关于本案事实认定的问题

（一）一审法院认定事实不清，证据不足

在本案中，被上诉人和王勇在一审和二审中应当到庭，就有关事实接受询问。

第一，王勇与李小江、王梅到底是什么关系？根据一审庭审笔录的内容，李小江、王梅称与王勇并不认识，需要王勇到庭查明其与李小江、王梅的关系，而一审法院却未通知要求王勇就有关事实接受询问。

第二，王勇为什么会替所谓的李小江、王梅的巨额借款提供担保？本案中，双方既未约定支付给王勇报酬，双方也没有其他任何债权债务关系或经济业务往来，王勇提供担保的目的是什么？根据一审庭审笔录的内容，一审法院曾问到王勇为什么要提供担保，其代理人称不清楚，可以找王勇问一下，但一审法院却未通知要求王勇就有关事实接受询问。

第三，在本案中，债权人张永健未向债务人王勇或所谓的债务人王梅、李小江主张过任何债权，且在自然人借款合同中未约定任何利息时，作为担保人的王勇，为何在不通知、不要求主债务人履行债务时，反而主动偿还完全部借款且支付巨额利息69万元，这极为反常、不合情理偿债的行为，需要通知王勇到一审法院查明原因，而一审法院未要求王勇到庭接受询问。

第四，对王成委托王阳于2013年7月15日向张永健转账的18万元，2013年10月22日向王勇转账的18万元，王成本人于2013年8月14日向张永健转账 18 万元，王成本人于 2014 年 1 月 16 日向王勇转账的 9 万元，李小江向王勇转账的 7 万元，共计 70 万元，这些人与王勇并无任何业务往来，为何会向张永健和王勇转账，这些款项是支付给张永健的还款，担保人王勇在明知王成已经偿还张永健 70 万元借款时，却仍然向张永健全额支付 300 万本金及没有依据的 69 万元利息，极不符合情理和逻辑，损害了债务人王成的利益。这种反常的行为方式需要通知王勇到一审法院查明原因，而一审法院未要求王勇到庭接受询问。

第五，李小江、王梅作为普通人，其所借的 300 万元巨额金额，根本无力偿还，王勇对李小江、王梅二人的信用状况根本不了解，且二人无任何抵押财产，王勇为何愿意为其提供连带责任担保？这种反常的行为方式需要通知王勇到一审法院查明原因，而一审法院未要求王勇到庭接受询问。

第六，在本案中，王勇提交的银行流水中，王勇与张永健之间存在诸多的资金转账往来，并非单纯的代偿本案 300 万元本金。有诸多转账未有任何说明或其他证据证明是代偿本案的本金及不存在的利息，极有可能存在王勇将其他业务给张永健的转账计入本案中，损害债务人利益。需要通知王勇到一审法院查明原因，而一审法院未要求王勇到庭接受询问。

第七，王勇与王成系朋友关系，自己从中介绍王成向张永健借款，赚取利息，其在明知王成是向张永健借款 300 万元的实际借款人，且王成已经向张永健、王勇偿还部分本金的情况下，依然故意隐瞒本案事实，需要通知王勇到法院接受询问，查明原因，而一审法院未要求王勇到庭接受询问。

综上，本案被上诉人王勇一审和二审应当到庭，就有关事实接受询问。根据最高人民法院关于适用《中华人民共和国民事诉讼法》的解释第 110 条规定：人民法院认为有必要的，可以要求当事人本人到庭，就案件有关事实接受询问。在询问当事人之前，可以要求其签署保证书。保证书应当载明据实陈述、如有虚假陈述愿意接受处罚等内容，当事人应当在保证书上签名或者捺印。负有举证证明责任的当事人拒绝到庭、拒绝接受询问或者拒绝签署保证书，待证事实又欠缺其他证据证明的，人民法院对其主张的事实不予认定。《最高人民法院关于审理民间借贷案件适用法律若干问题的规定》第18条规定：根据《关于适用〈中华人民共和国民事诉讼法〉的解释》第174条第2款之规定，负有举证证明责任的原告无正当理由拒不到庭，经审查现有证据无法确认借贷行为、借贷金额、支付方式等案件主要事实，人民法院对其主张的事实不予认定。

此外，在本案中，张永健为何要在收到2013年7月15日王成委托的王阳向其转账18万元后，才在当日将借款300万元转账到王成指定的王梅账户？而不直接按合同约定向王梅账户转账300万元。张永健是如何通知王成向其转账18万元的？又是如何确认收到18万元的？短信提醒？还是谁通知的？需要法院向张永健调查取证。2013年8月14日王成再次向张永健转账18万元，张永健为什么要找王成要18万元？是谁和王成联系的？需要法院向张永健调查取证，前述事实与张永健在一审笔录中说不认识王成存在矛盾，也需要法院向张永健调查取证。在本案自然人借款合同中，未约定任何利息，为何张永健要王勇向其支付利息高达69万元，王勇向张永健的诸多转账中，哪些转账是代偿本案的本金的？也需要法院向张永健调查取证。

（二）一审法院认定事实错误

第一，一审法院认定王梅、李小江系借款人，属于认定事实错误。根据上诉人李小江、王梅等提交的第一组和第二组证据，可以证明王成系向张永健借款的实际借款人。张永健在知情王成借款且收到王成转账的18万元后，才向王成指定的王梅转账实际提供的借款300万元，王成、王阳给张永健、王勇转账共计70万元的凭证，也足以证明张永健、王勇知道是王成在进行借款，也是王成在向其偿还借款。根据王成、王梅等人与胡松的谈话录音，证明王勇自己从中介绍王成向张永健借款300万元，赚取利息，明知王勇系向张永健借款300万元的实际借款人，王勇与李小江、王梅并不相识，李小江、王梅并非本案的实际借款人，一审法院认定其系借款人，属于认定事实错误。

第二，一审法院未认定王成已经偿还部分借款系事实认定错误。根据一审提交的转账凭证和二审提交的第二组证据，王成、王阳给张永健、王勇转账凭证，共计70万元，这些足以证明王成已经偿还张永健部分借款，一审法院应当予以扣减，但一审法院未予查明并进行扣减，系事实认定错误。

第三，一审法院认定借贷系王梅夫妻双方、李小江夫妻双方的共同债务，系事实认定错误。根据本案一审和二审期间上诉人提交的第三组证据，足以证明王梅、李小江受王成的委托借款，且该借款在2013年7月15日12：36左右收到后，下午上班后立即（14：08）将该300万元代收款转给王成指定的王阳的账户，并未用于王梅、李小江的家庭夫妻共同生活，且被上诉人王勇、提供借款的张永健均是知情该借款用于经营所需，而且王梅的丈夫赵东在借款发生期间在国外出差，并不知情借款，更不可能用于夫妻共同生活。基于这些事实，足以认定该300万元借款并非王梅、李长江的夫妻共同债务。

综上，一审法院应当要求被上诉人王勇在一审中到庭，就有关事实接受询问。此外，还应当就张永健本人进行调查核实证据。根据最高人民法院《关于适用〈中华人民共和国民事诉讼法〉的解释》第110条规定，负有举证证明责任的当事人拒绝到庭、拒绝接受询问或者拒绝签署保证书，待证事实又欠缺其他证据证明的，人民法院对其主张的事实不予认定。《最高人民法院关于审理民间借贷案件适用法律若干问题的规定》第18条规定：根据《关于适用〈中华人民共和国民事诉讼法〉的解释》第174条第2款之规定，负有举证证明责任的原告无正当理由拒不到庭，经审查现有证据无法确认借贷行为、借贷金额、支付方式等案件主要事实，人民法院对其主张的事实不予认定。因此，由于王勇本人未到庭参加诉讼，导致一审法院认定事实不清，认定事实错误，导致本案定性错误，因此，应当查清事实后依法改判或发回重审。

二、关于本案的法律适用问题

（一）一审法院适用逾期利息按年利率36%计算系法律适用错误。

根据本案中《借款协议》的约定，双方并未约定逾期利息，在《借款协议》第四条中还将逾期利息和违约金并列，而在第三条中仅约定了违约金（每日违约金3万元），故不存在逾期利息的约定。根据最高人民法院《关于适用〈中华人民共和国合同法〉若干问题的解释（二）》第29条的规定，当事人主张约定的违约金过高请求予以适当减少的，人民法院应当以实际损失为基础，兼顾合同的履行情况、当事人的过错程度以及预期利益等综合因素，根据公平原则和诚实信用原则予以衡量，并作为裁决。当事人约定的违约金超过造成损失的30%的，一般可以认定为《合同法》第114条第2款规定的"过分高于造成的损失"。故本案中违约金约定明显过高，王成欠款230万元，从违约时2013年8月15日起至王勇代偿2014年3月6日止，年利率按最高6%计算，张永健的损失为2 300 000×（201÷365）=75 994.52元，故其违约金最高额为不超过实际损失的30%，即75 994.52×1.3=98 792.88元，即在本案中，王成应当支付给张永健的最高违约金金额为98 792.88元，一审法院认定应支付逾期利息597 698.63元，系法律适用错误。即使根据《最高人民法院关于审理民间借贷案件适用法律若干问题的规定》第30条的规定，出借人与借款人既约定了逾期利息，又约定了违约金或者其他费用，出借人可以选择主张逾期利息，违约金或者其他费用，也可以一并主张，但总计超过年利率24%的部分，人民法院不予支持。王成应当支付的违约金应为不超过年息24%，2 300 000×24%×（201÷365）=303 978.08元，即违约金最高为303 978.08元，故一审法院适用年利率36%的计算标准，明显适用法律错误。王勇在未约定利息的情况下，恶意按36%支付，恶意损害债务人的利益，因此多支出的费用，也不应当由债务人负担。

（二）一审法院认定该300万元借款系王梅夫妻和李小江夫妻共同债务，系法律适用错误。

根据本案一审和二审期间上诉人提交的第三组证据，足以证明王梅、李小江受王成的委托借款，且该借款在2013年7月15日13：00左右收到后，立即（14：08）将该300万元代收款转给王成指定的王阳的账户，并未用于王梅、李小江的家庭夫妻共同生活，且被上诉人王勇、提供借款的张永健对此均是知情，且王梅的丈夫赵东在借款发生期间在国外出差，并不知情借款，更不可能用于夫妻共同生活。基于这些事实，足以认定该300万元借款并非王梅、李小江的夫妻共同债务。根据最高人民法院民一庭（2014）民一他字第10号《关于婚姻关系存续期间夫妻一方以个人名义所负债务性质如何认定的答复》：在不涉及他人的离婚案件中，由以个人名义举债的配偶一方负责举证证明所借债务用于夫妻共同生活，如证据不足，则其配偶一方不承担偿还责任。在债权人以夫妻一方为被告起诉的债务纠纷中，对于涉案债务是否属于夫妻共同债务，应当按照《婚姻法解释（二）》第24条规定认定。

如果举债人的配偶举证证明所借债务并非用于夫妻共同生活，则其不承担偿还责任。《婚姻法》第41条规定："离婚时，原为夫妻共同生活所负债务，应当共同偿还。共同财产不足清偿的，或财产归各自所有的，由双方协议清偿；协议不成时，由人民法院判决。"可见《婚姻法》第41条是以是否用于夫妻共同生活作为认定夫妻共同债务的标准。最高人民法院审判委员会专职委员杜万华2016年3月3日在《人民法院报》的《家事审判改革为相关立法提供实践依据》专访中指出："在涉及夫妻债务的内部法律关系时，按照《婚姻法》第41条的规定进行认定，即在夫妻离婚时由作为配偶一方的债务人举证证明，其所借债务是否基于夫妻双方合意或者是否用于夫妻共同生活，如举证证明不能，配偶另一方不承担债务偿还份额。在涉及夫妻债务的外部法律关系时，按照《婚姻法解释（二）》第24条的规定进行认定，同时明确，在该条但书规定的两种情形外，如果配偶一方举证证明所借债务没有用于夫妻共同生活的，配偶一方不承担偿还责任。"本案中，该300万元借款并没有用于王梅夫妻、李小江夫妻的家庭共同生活，且被上诉人王勇、提供借款的张永健对此均是知情。因此，周小凤、赵东均已举证证明该借款并未用于夫妻共同生活，不属于夫妻共同债务。故该300万元借款不应当由王梅之夫赵东、李小江之妻周小凤承担连带责任。

综上所述，一审法院未要求被上诉人王勇在一审应当到庭，就有关事实接受询问，导致本案事实未查清楚，认定事实错误，王勇系负有举证证明责任的原告，其不到庭接受询问，人民法院对其主张的事实应不予认定。一审法院在法律适用上，适用逾期利息按年利率36%计算系法律适用错误；认定该300万元借款系王梅夫妻和李小江夫妻共同债务，系法律适用错误。因此，请求二审法院在查清事实后予以改判或发回重审。

以上代理意见供法庭参考并予采纳！

诉讼代理人：李殊
2016 年 8 月 12 日

王勇与李小江、王梅等民间借贷纠纷案二审代理词（补充）

尊敬的审判长、审判员：

H 中正律师事务所依法接受本案上诉人李小江、王梅等人的委托，指派我担任王勇与李小江、王梅等民间借贷纠纷案的二审诉讼代理人，接受委托和指派后，我仔细询问了当事人，收集了相关证据，进行了必要的调查，对本案有一个全面清楚的认识和了解，就本案的相关事实认定和法律适用问题发表如下补充代理意见。

一、关于本案事实认定的问题

（一）一审法院认定李小江、王梅系借款人事实错误，证据不足。

在本案二审中，被上诉人王勇到庭参加诉讼，就有关事实接受了询问。经庭审可以确定以下事实。

第一，根据上诉人李小江、王梅等提交的第一组和第二组证据，可以证明王成系向张永健借款的实际借款人。在本案中，张永健在明知是王成借款且2013年7月15日收到王成委托的王阳向其转账18万元后，才在当日将借款300万元转入王成指定的王梅账户。并非是直接按所谓合同约定向王梅账户转账300万元，这足以证明是王成向张永健借款，且王成提前支付部分保证金后，张永健才实际提供的借款，张永健和王勇对王成是实际借款人是明知的。王成、王阳给张永健、王勇转账共计70万元的凭证，也足以证明张永健、王勇明知是王成在进行借款，后来王成及其委托的王阳向张永健、王勇多次转账还款，也证明是王成在向张永健偿还借款，这些足以证明王成是实际借款人。根据王成、王梅等人与胡松的谈话录音，证明王勇自己从中介绍王成向张永健借款 300 万元，赚取利息，明知王成系向张永健借款 300 万元的实际借款人，其与王梅、李小江并不相识。因此，王梅、李小江是受王成委托进行借款，且张永健和王勇明知王成是实际借款人，一审法院认定其系借款人，属于认定事实错误。

第二，王勇与李小江、王梅并不认识，根本不可能为其提供巨额借款担保。本案中，王勇与李小江、王梅双方既未约定支付给王勇报酬，双方也没有其他任何债权债务关系或经济往来，王勇不可能是为所谓李小江、王梅的贷款提供担保。根据王勇的当庭陈述和王成的证言，可以认定是王成向张永健借款，王勇系为从中牟取利益，为王成的借款提供担保。

第三，王成委托王阳于 2013 年 7 月 15 日向张永健转账 18 万元，2013 年 10 月 22 日向王勇转账 18 万元，王成本人于 2013 年 8 月 14 日向张永健转账 18 万元，王成本人于 2014 年 1 月 16 日向王勇转账 9 万元，李小江向王勇转账 7 万元，共计 70 万元，这些人与王勇并无任何业务往来，向张永健和王勇转账，证明王成在履行向张永健的还款义务，担保人王勇对此也是明知的，进一步证明王勇明知王成是实际借款人。

第四，李小江、王梅作为王成公司普通职工，对其所谓的 300 万元的巨额借款根本无力偿还，王勇对李小江、王梅二人的信用状况根本不了解，反倒是对王成非常了解，而且王勇和张永健明知该借款是按王成的指示所借，300 万元只是打到王梅作为公司财务人的账户上，短短一小时左右就转到了王成指定的其他账户，故王勇明知王成是借款人，其实际上是为王成的借款提供担保。

（二）一审法院认定借款系王梅夫妻双方、李小江夫妻双方的共同债务，系事实认定错误。

根据本案一审和二审期间上诉人提交的第三组证据，足以证明王梅、李小江受王成的委托借款，其该借款在 2013 年 7 月 15 日 12：36 左右收到后，下午上班后立即（14：08）将该300万元代收款转给王勇指定的王阳的账户，而张永健、王勇也明知王成系实际借款人，且该借款并未用于王梅、李小江的家庭夫妻共同生活。被上诉人王勇、提供借款的张永健对此均是知情，且王梅的丈夫赵东在借款期间在国外出差，并不知情借款，更不可能用于夫妻共同生活。基于这些事实，足以认定该300万元借款系王成借款并用于公司经营。因此，一审法院认定借款系王梅夫妻双方、李小江夫妻双方的共同债务，系事实认定错误。

（三）一审法院未认定王成已偿还部分借款，系事实认定错误。

根据一审提交的转账凭证和二审提交的第二组证据，王成、王阳给张永健、王勇转账凭证，共计70万元，这些足以证明王成已经偿还张永健部分借款，一审法院应当予以扣减，但一审法院未予查明并进行扣减，系事实认定错误。

二、关于本案的法律适用问题

（一）本案中应当认定王成系实际借款人，李小江、王梅并非借款人。

通过本案二审查明的事实可以认定，王成系实际借款人，提供借款人张永健、担保人王勇对此是明知的，因王成在外地，李小江、王梅作为公司职工，只是接受王成的委托，代为办理借款手续，对此，张永健和王勇也均是明知的。因此，根据《合同法》第402条的规定，受托人以自己的名义，在委托人的授权范围内与第三人订立的合同，第三人在订立合同时知道受托人与委托人之间的代理关系的，该合同直接约束委托人和第三人，但有确切证据证明该合同只约束受托人和第三人的除外，本案中应当认定，李小江、王梅系代理王成办理借款手续，王成系实际借款人。此外，参照《四川省高级人民法院关于审理民间借贷纠纷案件若干问题的指导意见》（2016年7月27日印发）第3条的规定，关于借名借款的主体认定：出借人和名义借款人签订借款合同，实际交由第三人使用的，根据合同相对性原则，名义借款人为借款合同的相对人，应由名义借款人承担偿还责任。如果名义借款人向出借人揭露了实际使用人，各方的真实意思表示仅为借名义借款人的名义，名义借款人并不实际参与借款关系的履行活动，也不享受借款活动的利益的，应认定实际使用人为实际借款人，由实际使用人承担偿还责任。因此，在本案中，张永健和王勇明知王成系实际借款人，仅借用李小江、王梅的名义，该款实际上也是在王成支付 18 万元保证金后张永健才按王成指示提供借款的，且李小江、王梅从未使用该借款并享受任何利益，在待收到款后 1 小时左右即全部转到王成指定的账户，由王成使用，实际上也是王成在偿还借款，履行还款义务。因此，应当认定实际使用人王成为实际借款人，李小江和王梅系王成的借款代理人。

（二）该 300 万元借款不能认定为王梅夫妻和李小江夫妻共同债务。

根据一审和二审期间上诉人提交的第三组证据，足以证明王梅、李小江受王成的委托借款，且该借款在 2013 年 7 月 15 日 13：00 左右收到后，立即（14：08）将该 300 万元代收款转给王成指定的王阳的账户，并未用于王梅、李小江的家庭夫妻共同生活，且被上诉人王勇和提供借款的张永健对此均知情，且王梅的丈夫赵东在借款发生期间在国外出差，并不知情借款，更不可能用于夫妻共同生活。基于这些事实，足以认定该 300 万元借款系王成借款并用于公司经营，并未用于王梅、李小江的夫妻共同生活。

根据最高人民法院民一庭（2014）民一他字第 10 号《关于婚姻关系存续期间夫妻一方以个人名义所负债务性质如何认定的答复》：在不涉及他人的离婚案件中，由以个人名义举债的配偶一方负责举证证明所借债务用于夫妻共同生活，如证据不足，则其配偶一方不承担偿还责任。在债权人以夫妻一方为被告起诉的债务纠纷中，对于涉案债务是否属于夫妻共同债务，应当按照《婚姻法解释（二）》第 24 条规定认定。如果举债人的配偶举证证明所借债务并非用于夫妻共同生活，则其不承担偿还责任。参照《四川省高级人民法院关于审理民间借贷纠纷案件若干问题的指导意见》（2016 年 7 月 27 日印发）第 41 条规定，"夫妻共同债务的认定：婚姻关系存续期间，夫妻一方以个人名义向他人借款所形成的债务，原则上应当认定为夫妻共同债务，由夫妻双方共同对外承担偿还责任。但如果夫妻另一方能够证明存在下列情形之一的，则可以认定该债务为夫妻一方的个人债务：

（一）出借人与借款人明确约定为个人债务的；（二）夫妻对婚姻关系存续期间所得的财产约定归各自所有且出借人知道该约定的；（三）出借人知道或应当知道所借款项并非用于家庭生产经营或共同生活的；（四）属个人债务的其他情形。"由此，张永健、王勇明知该借款系用于王成公司经营所用，并非用于李小江、王梅的家庭生活，故该300万元借款不能认定为王梅夫妻和李小江夫妻的共同债务。

《婚姻法》第41条规定："离婚时，原为夫妻共同生活所负债务，应当共同偿还。共同财产不足清偿的，或财产归各自所有的，由双方协议清偿；协议不成时，由人民法院判决。"可见《婚姻法》第41条是以是否用于夫妻共同生活作为认定夫妻共同债务的标准。最高人民法院审判委员会专职委员杜万华于2016年3月3日在《人民法院报》的《家事审判改革为相关立法提供实践依据》专访中指出："在涉及夫妻债务的内部法律关系时，按照《婚姻法》第41条的规定进行认定，即在夫妻离婚时由作为配偶一方的债务人举证证明，其所借债务是否基于夫妻双方合意或者是否用于夫妻共同生活，如举证证明不能，配偶另一方不承担债务偿还份额。在涉及夫妻债务的外部法律关系时，按照《婚姻法解释（二）》第24条的规定进行认定，同时明确，在该条但书规定的两种情形外，如果配偶一方举证证明所借债务没有用于夫妻共同生活的，配偶一方不承担偿还责任。"

本案中，该300万元借款并没有用于王梅夫妻、李小江夫妻的家庭共同生活，且被上诉人王勇和提供借款人张永健对此均是知情。因此，周小凤、赵东均已举证证明该借款并未用于夫妻共同生活，不属于夫妻共同债务。故该300万元借款不应当由赵东、周小凤承担连带清偿责任。

（三）本案中不存在逾期利息，更不应当按36%的利率标准处理。

根据本案中《借款协议》的约定，双方并未约定逾期利息，在《借款协议》第四条中还将逾期利息和违约金并列，而在第三条中仅约定了违约金（每日违约金3万元），故不存在逾期利息的约定。根据最高人民法院《关于适用〈中华人民共和国合同法〉若干问题的解释（二）》第29条的规定，当事人主张约定的违约金过高请求予以适当减少的，人民法院应当以实际损失为基础，兼顾合同的履行情况、当事人的过错程度以及预期利益等综合因素，根据公平原则和诚实信用原则予以衡量，并作为裁决。当事人约定的违约金超过造成损失的30%的，一般可以认定为《合同法》第114条第2款规定的"过分高于造成的损失"。故本案中违约金约定明显过高，王成欠款230万元，从违约时2013年8月15日起至王勇代偿2014年3月6日止，年利率按最高6%计算，张永健的损失为2 300 000×（201÷365）×6%＝75 994.52元，故其违约金最高额为不超过实际损失的30%，即75 994.52×1.3＝98 792.88元，即在本案中，王成应当支付给张永健的最高违约金金额为98 792.88元，一审法院认定应支付逾期利息597 698.63元，系法律适用错误。王勇在未约定利息的情况下，恶意按36%支付，恶意损害债务人的利益，因此多支出的费用，也不应当由债务人负担。

三、本案一审程序违法，未依法要求当事人王勇到庭参加诉讼和向张永健调查取证。

本案被上诉人王勇在一审中应当到庭，就有关事实接受询问。本案一审还应当就张永健本人进行调查核实证据。根据最高人民法院《关于适用〈中华人民共和国民事诉讼法〉的解释》第110条规定：人民法院认为有必要的，可以要求当事人本人到庭，就案件有关事实接受询问。在询问当事人之前，可以要求其签署保证书。保证书应当载明据实陈述、如有虚假陈述愿意接受处罚等内容。当事人应当在保证书上签名或者捺印。负有举证证明责任的当事人拒绝到庭、拒绝接受询问或者拒绝签署保证书，待证事实又欠缺其他证据证明的，人民法院对其主张的事实不予认定。《最高人民法院关于审理民间借贷案件适用法律若干问题的规定》第18条规定：根据《关于适用〈中华人民共和国民事诉讼法〉的解释》第174条第2款之规定，负有举证证明责任的原告无正当理由拒不到庭，经审查现有证据无法确认借贷行为、借贷金额、支付方式等案件主要事实，人民法院对其主张的事实不予认定。一审法院未通知王勇到庭参加诉讼，也没有就张永健本人进行调查核实证据，导致一审法院认定事实错误，证据不足。因此，二审法院应当查清事实后依法改判或发回重审。

综上所述，王成系本案借款的实际借款人，李小江、王梅只是代为办理借款手续，张永健和王勇也是向王成提供借款和担保，此系各方的真实意思表示，应当依法认定王成系实际借款人。该 300 万元借款并未用于王梅夫妻、李小江夫妻的家庭共同生活，被上诉人王勇和借款人张永健对此均是知情，且周小凤和赵东均已举证证明该借款并未用于夫妻共同生活，不属于夫妻共同债务。本案中不存在逾期利息，适用逾期利息按年率 36% 计算系法律适用错误；一审法院未要求上诉人王勇在一审期间到庭就有关事实接受询问，导致本案事实未能查清，认定事实错误。因此，请求二审法院在查清事实后予以改判或发回重审。

以上代理意见供法庭参考并予以采纳！

诉讼代理人：李殊

2016 年 11 月 8 日

H 省平阳市中级人民法院
民事判决书

（2016）×06 民终×××号

上诉人（原审被告）：李小江，男，1979 年 12 月 7 日出生，住平阳高新技术产业开发区。

上诉人（原审被告）：周小凤，女，1982 年 11 月 2 日出生，住平阳高新技术产业开发区。系李小江之妻。

上诉人（原审被告）：王梅，女，1984 年 12 月 6 日出生，住平阳高新技术产业开发区。

上诉人（原审被告）：赵东，男，1979 年 3 月 17 日出生，住平阳高新技术产业开发区。系王梅丈夫。

四上诉人的委托诉讼代理人：李殊、余阳州，H 中正律师事务所律师。代理权限：特别授权代理，包括代为承认、放弃、变更诉讼请求，代为调解、和解，代为撤诉，代收法律文书。

被上诉人（原审原告）：王勇，男，1976 年 9 月 13 日出生，住平阳市清河区。

原审被告：平阳市天泉汽车零部件有限公司（以下简称天泉公司）。住所地：平阳高新技术产业开发区米庄居委会。

法定代表人：李侯果，天泉公司经理。

上诉人李小江、王梅、周小凤、赵东因与被上诉人王勇、原审被告天泉追偿权纠纷一案，不服平阳高新技术产业开发区人民法院（2015）×平新民初字第××××号民事判决，向本院提起上诉。本院于2016年7月6日受理后，依法组成合议庭，于2016年8月12日公开开庭审理了本案。上诉人李小江、王梅及其与上诉人周小凤、赵东共同的委托诉讼代理人李殊，被上诉人王勇到庭参加诉讼，原审被告天泉公司经传票传唤未到庭参加诉讼。本案现已审理终结。

李小江、王梅、周小凤、赵东上诉请求：二审法院依法撤销原审判决，改判驳回王勇的诉讼请求或者将本案发回重审；上诉费用由王勇负担。事实和理由：1. 债务人系王成，且债务已清偿完毕。王成出具的承诺书和张永健出具的收条证明债务人系王成。李小江、王梅接受王成委托，代签借款合同，代收借款，二代理人实施的民事行为的法律后果应由被代理人王成承担。张永健出具的收条证明借款已由王成清偿完毕。2. 周小凤、赵东不应承担债务。借款到了王梅账户后，转入王阳账户；张永健称借款原因系天泉公司需要过桥资金。故借款未用于家庭，该债务非夫妻共同债务。

被上诉人王勇答辩请求维持原审判决。

原审被告天泉公司未答辩。

王勇向一审法院起诉请求：判令被告李小江、周小凤、王梅、赵东偿还原告代偿的借款本金300万元及利息69万元，并自2014年3月7日起至被告李小江、周小凤、王梅、赵东实际还款之日止，按中国人民银行同期同类贷款利率向原告支付利息；被告天泉公司对被告李小江、王梅向原告清偿不能部分，承担平均清偿责任；本案诉讼费用由被告承担。

一审法院认定事实：2013年7月15日，被告李小江、王梅（甲方）

与案外人张永健（乙方）、被告天泉公司（丙方）、原告王勇（丁方）签订了一份《借款协议》，协议约定：甲方因周转向乙方借款 300 万元，乙方于协议签订之日将 300 万元借款转入甲方指定的王梅账户；借款期限自 2013 年 7 月 15 日起至 2013 年 8 月 14 日止，合同期内未约定利息，若甲方不能按期还款，应按应还款金额的日百分之一（即 3 万元）向乙方支付违约金，任何一方违约均按借款总金额的 30% 承担违约责任……丙方和丁方自愿为甲方的借款提供连带责任保证……同日，原告王勇与被告天泉公司分别向案外人张永健出具了连带责任保证函，承诺若该笔借款到期不能偿还，自愿无条件履行还款义务。《借款协议》签订当日，案外人张永健按协议约定向甲方指定的王梅账户上转账 300 万元，被告王梅于同日向案外人张永健出具了收条。上述借款到期后，被告李小江、王梅未按约履行还款义务。案外人张永健要求原告王勇承担保证责任，原告王勇遂分别于 2013 年 11 月 6 日、12 月 6 日、2014 年 1 月 14 日、2 月 10 日、2 月 17 日共计向张永健支付利息 69 万元，并于 2014 年 3 月 6 日向张永健支付借款本金 300 万元，案外人张永健于同日向原告出具收条一份，内容为："今收到王勇代为李小江、王梅偿还 2013 年 7 月 15 日所借款项三百万元整（3 000 000.00），收款人：张永健。"同日，张永健还向原告出具收条一份，内容为："今收到王勇代为李小江、王梅偿还本金及利息。月息为 3% 支付。收款人：张永健。"被告李小江、王梅于 2013 年 7 月 15 日收到从张永健账户转入王梅账户上的 300 万元后，于同日又将 300 万元转入案外人王阳账户上。庭审中，被告李小江、王梅向一审法院举出由案外人王成出具的承诺函一份，证明上述借款系由王成委托李小江、王梅向张永健借的，王阳系王成侄子，该款系王成所借，与被告李小江、王梅、天泉公司无关。被告李小江、王梅还向一审法院举出了一份案外人张永健出具的收条一份，内容为：今收到王成还款三百八十万元整（3 800 000.00 元），此款于 2014 年 7 月 1 日转入平阳博众商贸有限公司汉口银行平阳分行账号，收款人：张永健，2014 年 7 月 1 日。一审法院为查明案件事实，依法向案外人张永健进行调查，张永健陈述：该 300 万元借款是由原告王勇介绍李小江、王梅二人向我借款的，借款原因是天泉公司需偿还银行到期贷款，需要过桥资金，由李小江、王梅作为借款人、王勇作为担保人，我是与李小江、王梅签订的个人借款，借款时我不认识王成，只知道李小江是天泉公司的法人代表，王梅是公司会计，本案诉争300万元借款到底谁在实际支配我不清楚；关于2014年7月1日我向王成出具的收条，是我与王成发生的其他借贷业务，与本案300万元借款无关。另查明，被告李小江、周小凤于2006年6月13日登记结婚；被告王梅与赵东于2004年12月30日登记结婚。还查明，天泉公司于2011年3月21日成立，工商登记资料显示，2014年11月4日，天泉公司股东由王成、汪亮、朱少勇、胡园、李小江变更为李小江、王成；2014年11月26日，天泉公司法定代表人由李小江变更为李侯果。借款时，被告李小江系被告天泉公司法定代表人，被告王梅系天泉公司会计。

一审法院认为，原告王勇与被告李小江、王梅及案外人张永健签订的《借款协议》，属有效合同。被告李小江、王梅辩称，本案实际借款人是王成，被告李小江、王梅只是受王成的委托进行借款，且该借款王成已实际偿还完毕。因张永健于《借款协议》签订同日已向王梅账户转款300万元，李小江、王梅也向张永健出具了借条。二被告李小江、王梅辩称受案外人王成的委托向张永健借款，未举出相关授权证据；被告虽举出了案外人王成出具的承诺书，但王成未出庭作证，且原告对此亦不予认可；一审法院依法对出借人张永健进行调查，张永健不认可王成委托李小江、王梅进行借款；资金转入指定的王梅账户后，借款人李小江、王梅如何使用该借款，是对自己权利的处分，与出借人无关。故被告李小江、王梅辩称其受王成委托进行借款，证据不足，不予采信。关于二被告提供的还款证据，从借款主体上来看，与本案没有关联性；经调查张永健，张永健称其出具的收条中还款380万元系王成个人借款，与本案不是同一借款事实。故对二被告关于已还款的辩称，不予支持。王勇为李小江、王梅的上述借款提供连带责任保证，因李小江、王梅未能按约履行还款义务，王勇于2014年3月6日前已向债权人张永健偿还借款300万元及利息69万元。根据《中华人民共和国担保法》第 18 条第 2 款的规定，债务人在债务履行期满未履行债务的，债权人可以要求债务人履行债务，也可以要求保证人在其保证范围内承担保证责任。故王勇在承担保证责任后，有权向债务人追偿。《借款协议》中未约定借款期限内利息，故借款期限内不应计算利息；《借款协议》约定逾期利息为日百分之一，超出《最高人民法院关于审理民间借贷案件适用法律若干问题的规定》关于民间借贷利率最高不超过年利率 36% 的规定，超出部分的利息约定无效，从 2013 年 8 月 15 日至 2014 年 3 月 5 日，共 202 天，其利息应为 597 698.63 元（300 万元 × 36% ÷ 365 天 × 202 天），王勇主张的借款利息超出部分，不予支持，其可向案外人张永健主张返还。王勇请求由被告李小江、王梅支付从 2014 年 3 月 7 日起按中国人民银行同期贷款利率计算的利息，一审法院认为，因李小江、王梅未及时偿还借款，应当支付原告资金被占用期间的利息。周小凤与李小江系夫妻关系、赵东与王梅系夫妻关系，借款发生在婚姻关系存续期间，未提供证据证明本案借款系李小江、王梅的个人债务。王勇请求判令周小凤、赵东对李小江、王梅的债务承担共同赔偿责任，予以支持。依照《最高人民法院关于适用〈中华人民共和国担保法〉若干问题的解释》第 20 条第 2 款的规定：连带共同保证的保证人承担保证责任后，向债务人不能追偿的部分，由各连带保证人按其内部约定的比例分担，没有约定的，平均分担。本案中，未约定各连带保证人之间按何种比例分担责任，天泉公司依法应当在债务人李小江、王梅未偿还的借款本息部分向原告王勇承担 50% 的偿还责任。天泉公司在承担保证责任后，可以根据《中华人民共和国担保法》第 31 条的规定，向被告李小江、王梅追偿。王勇请求被告天泉公司在被告李小江、王梅向原告清偿不能部分，承担平均清偿责任，予以支持。综上，一审法院依照《中华人民共和国担保法》第 18 条、第 31 条，《最高人民法院关于适用〈中华人民共和国担保法〉若干问题的解释》第 20 条、《最高人民法院关于适用〈中华人民共和国婚姻法〉若干问题的解释（二）》第 24 条、《最高人民法院关于审理民间借贷案件适用法律若干问题的规定》第 25 条、第 26 条、第 29 条之规定，判决如下：一、被告李小江、王梅于本判决生效之日起十日内给付原告王勇代其偿还的借款本息 3 597 698.63 元；并支付原告资金占用期间的利息（此利息从 2014 年 3 月 7 日起以 3 597 698.63 元为基数按中国人民银行同期贷款利率计算至本判决确定的给付之日止，若超出年利率6%范围的利息则按年利率6%计算）；二、被告周小凤、赵东对被告李小江、王梅前述债务承担共同清偿责任；三、被告天泉公司在被告李小江、王梅、周小凤、赵东向原告王勇清偿不足部分承担50%的清偿责任；四、驳回原告王勇其他的诉讼请求。如果未按本判决指定的期间履行给付金钱义务，应当依照《中华人民共和国民事诉讼法》第253条之规定，加倍支付迟延履行期间的债务利息。案件受理费 36 320 元，财产保全费 5 000 元，合计 41 320 元，由被告李小江、王梅负担。

二审中，上诉人提交了以下新证据：1. 王阳于 2013 年 7 月 15 日向张永健转账 18 万元的流水。2. 王成、王阳出庭证言。3. 王成、王梅等人与胡红松的谈话录音。上诉人称以上证据及 2013 年 7 月 15 日王梅向王阳转账的记录、一审法院于 2016 年 1 月 14 日调查张永健的笔录、一审庭审笔录，证明王成委托李小江等向张永健借款，王成系实际借款人，诉争款未用于上诉人家庭，对此，王勇也知情，王成先委托王阳向张永健支付 18 万元还款保证金，张永健才向王成指定的王梅的账号转账 300 万元，王梅收到该款当日就转入了王成指定的王阳的账号。4. 王成、王阳向张永健、王勇转账共计 70 万元的流水。上诉人称该证据与上诉人在一审提交的公司变更通知书、中国建设银行网上银行电子回单、张永健于 2014 年 7 月 1 日出具的金额为 380 万元的收条，证明王成已清偿本案诉争借款。5. 赵东出入境记录，欲证明赵东于 2013 年 4 月 27 日出境，于 2013 年 11 月 17 日入境，对诉争借款不知情，不应承担责任。

经质证，对上述证据中的银行流水及出入境记录的真实性，王勇无异议，但是对关联性有异议，王勇称这些转账并非偿还本案诉争借款，王勇主张按法律规定由借款人李小江、周小凤、王梅、赵东承担相应的责任。

本院认定如下：一审查明的事实正确，本院予以确认。与本案缺乏关联性的事实，本院不作认定。

本院认为：2013 年 7 月 15 日的借款协议、借条、连带责任保证函均载明借款人系李小江、王梅，2013 年 7 月 15 日的收条载明收款人王梅。无论王成是否委托王梅、李小江借款，依照《中华人民共和国合同法》第 403 条第 2 款规定"受托人以自己的名义与第三人订立合同时，受托人因委托人的原因对第三人不履行义务，受托人应当向第三人披露委托人，第三人因此可以选择受托人或者委托人作为相对人主张其权利，但第三人不得变更选定的相对人。"王勇可以选择李小江、王梅主张权利。上诉人以诉争债务人系王成为由，主张上诉人不承担还款责任，与法相悖，对该上诉主张本院不予支持。张永健在一审法院 2016 年 1 月 14 日调查时陈述其另外向王成出借了 770 万元，其于 2014 年 7 月 1 日出具的金额为 380 万元的收条针对的是前述 770 万元债务，该收条与本案无关，770 万元债务已清偿；而且，王成在二审出庭作证时陈述其与张永健存在几笔借款关系，其中包括向张永健借款 770 万元，发生了多笔还款，关于所有借款的还款情况，其与张永健未对账；本案诉争 300 万元借款的借款协议、借条、收条、连带责任保证函的原件均由王勇持有；故上诉人提交的证据不足以证明已清偿本案诉争 300 万元借款。王勇作为 300 万元借款的保证人主张其履行了代偿义务，有张永健出具的收条及转账记录证实，其中，张永健出具的收条文字明确指向王勇代李小江、王梅偿还 2013 年 7 月 15 日所借款项。王勇向借款人李小江、王梅追偿并要求连带责任保证人天泉公司承担 50% 的清偿责任，具有事实与法律依据。依照《中华人民共和国婚姻法》第 19 条第 3 款规定"夫妻对婚姻关系存续期间所得的财产约定归各自所有的，夫或妻一方对外所负的债务，第三人知道该约定的，以夫或妻一方所有的财产清偿。"《最高人民法院关于适用〈中华人民共和国婚姻法〉若干问题的解释（二）》第 24 条规定"债权人就婚姻关系存续期间夫妻一方以个人名义所负债务主张权利的，应当按夫妻共同债务处理。但夫妻一方能够证明债权人与债务人明确约定为个人债务，或者能够证明属于婚姻法第十九条第三款规定情形的除外。"本案诉争债务发生在周小凤、李小江夫妻，赵东、王梅夫妻关系存续期间，应当按夫妻共同债务处理。上诉人虽提出借款发生时赵东在境外，对借款不知情，但是上诉人无证据证明其与被上诉人明确约定诉争债务系个人债务，也未证明属于《中华人民共和国婚姻法》第19条第3款规定的情形，故上诉人关于周小凤、赵东不应承担债务的上诉主张，缺乏事实与法律依据，本院不予支持。

综上所述，上诉人的上诉请求不能成立，应予驳回；一审判决认定事实清楚，适用法律正确，应予维持。依据《中华人民共和国民事诉讼法》第170条第1款第（1）项之规定，判决如下：

驳回上诉，维持原判。

二审案件受理费39 612元，由上诉人李小江、王梅、周小凤、赵东负担。

本判决为终审判决。

审判长：许　晴

审判员：王　莉

审判员：李　锐

二〇一六年十一月二十八日

书记员：王　丹

（院印）

平阳市中级人民法院
退卷函稿

高新区人民法院：

关于李小江、周小凤、王梅、赵东诉王勇、天泉公司追偿权纠纷一案，已经审理终结，现将原卷发还你院。同时，附发本院民事判决书，请代为送达后，勿将送达回证退回本院。

附：民事判决书捌份，送达证陆件，原卷贰宗。

2016 年 12 月 30 日

院印

H 省平阳市中级人民法院
送达回证
（各类案件通用）

案　　由	追偿权纠纷
案号	（2016）×06 民终×××号
送达文书名称和份数	民事判决书 4 份
受送达人	李小江、周小凤、王梅、赵东
送达地址	
受送达人签名或盖章	王梅、李小江、周小凤、赵东　　2017 年 1 月 10 日
代收人及代收理由	
备考	

填发人：许晴　　　送达人：

注：① 送达刑事诉讼文书，按照《刑事诉讼法》第一百零五条的规定办理；送达民事、行政诉讼文书，按照或参照《民事诉讼法》第八十四条、第八十五条的规定办理。

② 代收诉讼文书的，有代收人签名或盖章后，还应注明其与受送达人的关系及代收理由。

H 省平阳市中级人民法院
送达回证
（各类案件通用）

案　　由	追偿权纠纷
案号	（2016）×06 民终×××号
送达文书名称和份数	民事判决书 1 份
受送达人	平阳市天泉汽车零部件有限公司
送达地址	
受送达人签名或盖章	平阳市天泉汽车零部件有限公司　　2017 年 1 月 10 日
代收人及代收理由	
备考	

填发人：许晴　　　送达人：

注：① 送达刑事诉讼文书，按照《刑事诉讼法》第一百零五条的规定办理；送达民事、行政诉讼文书，按照或参照《民事诉讼法》第八十四条、第八十五条的规定办理。

② 代收诉讼文书的，有代收人签名或盖章后，还应注明其与受送达人的关系及代收理由。

H 省平阳市中级人民法院
送达回证
（各类案件通用）

案　　由	追偿权纠纷
案号	（2016）×06 民终×××号
送达文书名称和份数	民事判决书 1 份
受送达人	王勇
送达地址	
受送达人签名或盖章	王勇　　　　2017 年 1 月 10 日
代收人及代收理由	
备考	

填发人：许晴　　　送达人：

注：① 送达刑事诉讼文书，按照《刑事诉讼法》第一百零五条的规定办理；送达民事、行政诉讼文书，按照或参照《民事诉讼法》第八十四条、第八十五条的规定办理。

② 代收诉讼文书的，有代收人签名或盖章后，还应注明其与受送达人的关系及代收理由。

H 省平阳市中级人民法院
当事人送达地址确认书

案　　由	追偿权纠纷
人民法院对当事人填写送达地址确认书的告知事项	根据最高人民法院《关于以法院专递方式邮寄送达民事诉讼文书的若干规定》第一条、第三条、第四条、第五条和第十一条的规定，告知如下： 一、当事人拒绝提供自己的送达地址的，自然人依其户籍登记中的住所地或者经常居住地为送达地址；法人或其他组织以其工商登记或其他依法登记、备案中的住所地为送达地址。 二、因受送达人自己提供或者确认的送达地址不准确、拒不提供送达地址、送达地址变更未及时告知人民法院、受送达人本人或者受送达人指定的代收人拒绝签收，导致诉讼文书未能被受送达人实际接受的，文书退回之日视为送达之日。

续表

案　由	追偿权纠纷
当事人提供自己的送达地址	当事人（原告、被告或第三人）：王勇 送达地址： 邮政编码： 收件人： 电话（移动电话）：××××××××××× 其他联系方式：
当事人对自己送达地址的确认	我已经阅读了人民法院对当事人填写送达地址确认书的告知事项，并保证上述送达地址是准确、有效的。 　　　　　　当事人签名、盖章或捺印：王勇 　　　　　　2016 年 8 月 12 日
备考	因为居无定所，可以电话通知。 　　　　　　　　　　　　　　　王勇 　　　　　　　　　　　　2016 年 8 月 12 日
法院工作人员签名	王丹

民事案件审判常用法规

法官行为规范

（最高人民法院 2005 年 11 月 4 日发布试行，2010 年 12 月 6 日修订后发布正式施行）

为大力弘扬"公正、廉洁、为民"的司法核心价值观，规范法官基本行为，树立良好的司法职业形象，根据《中华人民共和国法官法》和《中华人民共和国公务员法》等法律，制定本规范。

一、一般规定

第一条 忠诚坚定。坚持党的事业至上、人民利益至上、宪法法律至上，在思想上和行动上与党中央保持一致，不得有违背党和国家基本政策以及社会主义司法制度的言行。

第二条 公正司法。坚持以事实为根据、以法律为准绳，平等对待各方当事人，确保实体公正、程序公正和形象公正，努力实现办案法律效果和社会效果的有机统一，不得滥用职权、枉法裁判。

第三条 高效办案。树立效率意识，科学合理安排工作，在法定期限内及时履行职责，努力提高办案效率，不得无故拖延、贻误工作、浪费司法资源。

第四条 清正廉洁。遵守各项廉政规定，不得利用法官职务和身份谋取不正当利益，不得为当事人介绍代理人、辩护人以及中介机构，不得为律师、其他人员介绍案源或者给予其他不当协助。

第五条 一心为民。落实司法为民的各项规定和要求，做到听民声、察民情、知民意，坚持能动司法，树立服务意识，做好诉讼指导、风险提示、法律释明等便民服务，避免"冷硬横推"等不良作风。

第六条 严守纪律。遵守各项纪律规定，不得泄露在审判工作中获取的国家秘密、商业秘密、个人隐私等，不得过问、干预和影响他人正在审理的案件，不得随意发表有损生效裁判严肃性和权威性的言论。

第七条 敬业奉献。热爱人民司法事业，增强职业使命感和荣誉感，加强业务学习，提高司法能力，恪尽职守，任劳任怨，无私奉献，不得麻痹懈怠、玩忽职守。

第八条 加强修养。坚持学习，不断提高自身素质；遵守司法礼仪，执行着装规定，言语文明，举止得体，不得浓妆艳抹，不得佩带与法官身份不相称的饰物，不得参加有损司法职业形象的活动。

二、立案

第九条 基本要求

（一）保障当事人依法行使诉权，特别关注妇女、儿童、老年人、残疾人等群体的诉讼需求；

（二）便利人民群众诉讼，减少当事人诉累；

（三）确保立案质量，提高立案效率。

第十条 当事人来法院起诉

（一）加强诉讼引导，提供诉讼指导材料；

（二）符合起诉条件的，在法定时间内及时立案；

（三）不符合起诉条件的，不予受理并告知理由，当事人坚持起诉的，裁定不予受理；

（四）已经立案的，不得强迫当事人撤诉；

（五）当事人自愿放弃起诉的，除法律另有规定外，应当准许。

第十一条　当事人口头起诉

（一）告知应当递交书面诉状；

（二）当事人不能书写诉状且委托他人代写有困难的，要求其明确诉讼请求、如实提供案件情况和联络方式，记入笔录并向其宣读，确认无误后交其签名或者捺印。

第十二条　当事人要求上门立案或者远程立案

（一）当事人因肢体残疾行动不便或者身患重病卧床不起等原因，确实无法到法院起诉且没有能力委托代理人的，可以根据实际情况上门接收起诉材料；

（二）当事人所在地离受案法院距离远且案件事实清楚、法律关系明确、争议不大的，可以通过网络或者邮寄的方式接收起诉材料；

（三）对不符合上述条件的当事人，应当告知其到法院起诉。

第十三条　当事人到人民法庭起诉

人民法庭有权受理的，应当接受起诉材料，不得要求当事人到所在基层人民法院立案庭起诉。

第十四条　案件不属于法院主管或者本院管辖

（一）告知当事人不属于法院主管或者本院没有管辖权的理由；

（二）根据案件实际情况，指明主管机关或者有管辖权的法院；

（三）当事人坚持起诉的，裁定不予受理，不得违反管辖规定受理案件。

第十五条　依法应当公诉的案件提起自诉

（一）应当在接受后移送主管机关处理，并且通知当事人；

（二）情况紧急的，应当先采取紧急措施，然后移送主管机关并告知当事人。

第十六条　诉状内容和形式不符合规定

（一）告知按照有关规定进行更正，做到一次讲清要求；

（二）不得因法定起诉要件以外的瑕疵拒绝立案。

第十七条 起诉材料中证据不足

原则上不能以支持诉讼请求的证据不充分为由拒绝立案。

第十八条 遇到疑难复杂情况，不能当场决定是否立案

（一）收下材料并出具收据，告知等待审查结果；

（二）及时审查并在法定期限内将结果通知当事人。

第十九条 发现涉及群体的、矛盾易激化的纠纷

及时向领导汇报并和有关部门联系，积极做好疏导工作，防止矛盾激化。

第二十条 当事人在立案后询问证据是否有效、能否胜诉等实体问题

（一）不得向其提供倾向性意见；

（二）告知此类问题只有经过审理才能确定，要相信法院会公正裁判。

第二十一条 当事人在立案后询问案件处理流程或时间

告知案件处理流程和法定期限，不得以与立案工作无关为由拒绝回答。

第二十二条 当事人预交诉讼费

（一）严格按规定确定数额，不得额外收取或者随意降低；

（二）需要到指定银行交费的，及时告知账号及地点；

（三）确需人民法庭自行收取的，应当按规定出具收据。

第二十三条 当事人未及时交纳诉讼费

（一）符合司法救助条件的，告知可以申请缓交或者减免诉讼费；

（二）不符合司法救助条件的，可以书面形式通知其在规定期限内交费，并告知无正当理由逾期不交诉讼费的，将按撤诉处理。

第二十四条 当事人申请诉前财产保全、证据保全等措施

（一）严格审查申请的条件和理由，及时依法作出裁定；

（二）裁定采取保全等措施的，及时依法执行；不符合申请条件的，耐心解释原因；

（三）不得滥用诉前财产保全、证据保全等措施。

第二十五条 当事人自行委托或者申请法院委托司法鉴定

（一）当事人协商一致自行委托的，应当认真审查鉴定情况，对程序合法、结论公正的鉴定意见应当采信；对不符合要求的鉴定意见可以要求重新鉴定，并说明理由；

（二）当事人申请法院委托的，应当及时做出是否准许的决定，并答复当事人；准许进行司法鉴定的，应当按照规定委托鉴定机构及时进行鉴定。

三、庭审

第二十六条　基本要求

（一）规范庭审言行，树立良好形象；

（二）增强庭审驾驭能力，确保审判质量；

（三）严格遵循庭审程序，平等保护当事人诉讼权利；

（四）维护庭审秩序，保障审判活动顺利进行。

第二十七条　开庭前的准备

（一）在法定期限内及时通知诉讼各方开庭时间和地点；

（二）公开审理的，应当在法定期限内及时公告；

（三）当事人申请不公开审理的，应当及时审查，符合法定条件的，应当准许；不符合法定条件的，应当公开审理并解释理由；

（四）需要进行庭前证据交换的，应当及时提醒，并主动告知举证时限；

（五）当事人申请法院调取证据的，如确属当事人无法收集的证据，应当及时调查收集，不得拖延；证据调取不到的，应当主动告知原因；如属于当事人可以自行收集的证据，应当告知其自行收集；

（六）自觉遵守关于回避的法律规定和相关制度，对当事人提出的申请回避请求不予同意的，应当向当事人说明理由；

（七）审理当事人情绪激烈、矛盾容易激化的案件，应当在庭前做好工作预案，防止发生恶性事件。

第二十八条　原定开庭时间需要更改

（一）不得无故更改开庭时间；

（二）因特殊情况确需延期的，应当立即通知当事人及其他诉讼参加人；

（三）无法通知的，应当安排人员在原定庭审时间和地点向当事人及其他诉讼参加人解释。

第二十九条 出庭时注意事项

（一）准时出庭，不迟到，不早退，不缺席；

（二）在进入法庭前必须更换好法官服或者法袍，并保持整洁和庄重，严禁着便装出庭；合议庭成员出庭的着装应当保持统一；

（三）设立法官通道的，应当走法官通道；

（四）一般在当事人、代理人、辩护人、公诉人等入庭后进入法庭，但前述人员迟到、拒不到庭的除外；

（五）不得与诉讼各方随意打招呼，不得与一方有特别亲密的言行；

（六）严禁酒后出庭。

第三十条 庭审中的言行

（一）坐姿端正，杜绝各种不雅动作；

（二）集中精力，专注庭审，不做与庭审活动无关的事；

（三）不得在审判席上吸烟、闲聊或者打瞌睡，不得接打电话，不得随意离开审判席；

（四）平等对待与庭审活动有关的人员，不与诉讼中的任何一方有亲近的表示；

（五）礼貌示意当事人及其他诉讼参加人发言；

（六）不得用带有倾向性的语言进行提问，不得与当事人及其他诉讼参加人争吵；

（七）严格按照规定使用法槌，敲击法槌的轻重应当以旁听区能够听见为宜。

第三十一条 对诉讼各方陈述、辩论时间的分配与控制

（一）根据案情和审理需要，公平、合理地分配诉讼各方在庭审中的

陈述及辩论时间；

（二）不得随意打断当事人、代理人、辩护人等的陈述；

（三）当事人、代理人、辩护人发表意见重复或与案件无关的，要适当提醒制止，不得以生硬言辞进行指责。

第三十二条　当事人使用方言或者少数民族语言

（一）诉讼一方只能讲方言的，应当准许；他方表示不通晓的，可以由懂方言的人用普通话进行复述，复述应当准确无误；

（二）使用少数民族语言陈述，他方表示不通晓的，应当为其配备翻译。

第三十三条　当事人情绪激动，在法庭上喊冤或者鸣不平

（一）重申当事人必须遵守法庭纪律，法庭将会依法给其陈述时间；

（二）当事人不听劝阻的，应当及时制止；

（三）制止无效的，依照有关规定作出适当处置。

第三十四条　诉讼各方发生争执或者进行人身攻击

（一）及时制止，并对各方进行批评教育，不得偏袒一方；

（二）告诫各方必须围绕案件依序陈述；

（三）对不听劝阻的，依照有关规定作出适当处置。

第三十五条　当事人在庭审笔录上签字

（一）应当告知当事人庭审笔录的法律效力，将庭审笔录交其阅读；无阅读能力的，应当向其宣读，确认无误后再签字、捺印；

（二）当事人指出记录有遗漏或者差错的，经核实后要当场补正并要求当事人在补正处签字、捺印；无遗漏或者差错不应当补正的，应当将其申请记录在案；

（三）未经当事人阅读核对，不得要求其签字、捺印；

（四）当事人放弃阅读核对的，应当要求其签字、捺印；当事人不阅读又不签字、捺印的，应当将情况记录在案。

第三十六条　宣判时注意事项

（一）宣告判决，一律公开进行；

（二）宣判时，合议庭成员或者独任法官应当起立，宣读裁判文书声音要洪亮、清晰、准确无误；

（三）当庭宣判的，应当宣告裁判事项，简要说明裁判理由并告知裁判文书送达的法定期限；

（四）定期宣判的，应当在宣判后立即送达裁判文书；

（五）宣判后，对诉讼各方不能赞赏或者指责，对诉讼各方提出的质疑，应当耐心做好解释工作。

第三十七条 案件不能在审限内结案

（一）需要延长审限的，按照规定履行审批手续；

（二）应当在审限届满或者转换程序前的合理时间内，及时将不能审结的原因告知当事人及其他诉讼参加人。

第三十八条 人民检察院提起抗诉

（一）依法立案并按照有关规定进行审理；

（二）应当为检察人员和辩护人、诉讼代理人查阅案卷、复印卷宗材料等提供必要的条件和方便。

四、诉讼调解

第三十九条 基本要求

（一）树立调解理念，增强调解意识，坚持"调解优先、调判结合"，充分发挥调解在解决纠纷中的作用；

（二）切实遵循合法、自愿原则，防止不当调解、片面追求调解率；

（三）讲究方式方法，提高调解能力，努力实现案结事了。

第四十条 在调解过程中与当事人接触

（一）应当征询各方当事人的调解意愿；

（二）根据案件的具体情况，可以分别与各方当事人做调解工作；

（三）在与一方当事人接触时，应当保持公平，避免他方当事人对法官的中立性产生合理怀疑。

第四十一条 只有当事人的代理人参加调解

（一）认真审查代理人是否有特别授权，有特别授权的，可以由其直接参加调解；

（二）未经特别授权的，可以参与调解，达成调解协议的，应当由当事人签字或者盖章，也可以由当事人补办特别授权追认手续，必要时，可以要求当事人亲自参加调解。

第四十二条　一方当事人表示不愿意调解

（一）有调解可能的，应当采用多种方式，积极引导调解；

（二）当事人坚持不愿调解的，不得强迫调解。

第四十三条　调解协议损害他人利益

（一）告知参与调解的当事人应当对涉及到他人权利、义务的约定进行修正；

（二）发现调解协议有损他人利益的，不得确认该调解协议内容的效力。

第四十四条　调解过程中当事人要求对责任问题表态

应当根据案件事实、法律规定以及调解的实际需要进行表态，注意方式方法，努力促成当事人达成调解协议。

第四十五条　当事人对调解方案有分歧

（一）继续做好协调工作，尽量缩小当事人之间的分歧，以便当事人重新选择，争取调解结果；

（二）分歧较大且确实难以调解的，应当及时依法裁判。

五、文书制作

第四十六条　基本要求

（一）严格遵守格式和规范，提高裁判文书制作能力，确保裁判文书质量，维护裁判文书的严肃性和权威性；

（二）普通程序案件的裁判文书应当内容全面、说理透彻、逻辑严密、用语规范、文字精炼；

（三）简易程序案件的裁判文书应当简练、准确、规范；

（四）组成合议庭审理的案件的裁判文书要反映多数人的意见。

第四十七条 裁判文书质量责任的承担

（一）案件承办法官或者独任法官对裁判文书质量负主要责任，其他合议庭成员对裁判文书负有次要责任；

（二）对裁判文书负责审核、签发的法官，应当做到严格审查、认真把关。

第四十八条 对审判程序及审判全过程的叙述

（一）准确叙述当事人的名称、案由、立案时间、开庭审理时间、诉讼参加人到庭等情况；

（二）简易程序转为普通程序的，应当写明转换程序的时间和理由；

（三）追加、变更当事人的，应当写明追加、变更的时间、理由等情况；

（四）应当如实叙述审理管辖异议、委托司法鉴定、评估、审计、延期审理等环节的流程等一些重要事项。

第四十九条 对诉讼各方诉状、答辩状的归纳

（一）简要、准确归纳诉讼各方的诉、辩主张；

（二）应当公平、合理分配篇幅。

第五十条 对当事人质证过程和争议焦点的叙述

（一）简述开庭前证据交换和庭审质证阶段各方当事人质证过程；

（二）准确概括各方当事人争议的焦点；

（三）案件事实、法律关系较复杂的，应当在准确归纳争议焦点的基础上分段、分节叙述。

第五十一条 普通程序案件的裁判文书对事实认定部分的叙述

（一）表述客观，逻辑严密，用词准确，避免使用明显的褒贬词汇；

（二）准确分析说明各方当事人提交证据采信与否的理由以及被采信的证据能够证明的事实；

（三）对证明责任、证据的证明力以及证明标准等问题应当进行合理解释。

第五十二条　对普通程序案件定性及审理结果的分析论证

（一）应当进行准确、客观、简练的说理，对答辩意见、辩护意见、代理意见等是否采纳要阐述理由；

（二）审理刑事案件，应当根据法律、司法解释的有关规定并结合案件具体事实做出有罪或者无罪的判决，确定有罪的，对法定、酌定的从重、从轻、减轻、免除处罚情节等进行分析认定；

（三）审理民事案件，应当根据法律、法规、司法解释的有关规定，结合个案具体情况，理清案件法律关系，对当事人之间的权利义务关系、责任承担及责任大小等进行详细的归纳评判；

（四）审理行政案件，应当根据法律、法规、司法解释的有关规定，结合案件事实，就行政机关及其工作人员所作的具体行政行为是否合法，原告的合法权益是否被侵害，与被诉具体行政行为之间是否存在因果关系等进行分析论证。

第五十三条　法律条文的引用

（一）在裁判理由部分应当引用法律条款原文，必须引用到法律的条、款、项；

（二）说理中涉及多个争议问题的，应当一论一引；

（三）在判决主文理由部分最终援引法律依据时，只引用法律条款序号。

第五十四条　裁判文书宣告或者送达后发现文字差错

（一）对一般文字差错或者病句，应当及时向当事人说明情况并收回裁判文书，以校对章补正或者重新制作裁判文书；

（二）对重要文字差错或者病句，能立即收回的，当场及时收回并重新制作；无法立即收回的，应当制作裁定予以补正。

六、执行

第五十五条　基本要求

（一）依法及时有效执行，确保生效法律文书的严肃性和权威性，维护当事人的合法权益；

（二）坚持文明执行，严格依法采取执行措施，坚决避免不作为和乱作为；

（三）讲求方式方法，注重执行的法律效果和社会效果。

第五十六条　被执行人以特别授权为由要求执行人员找其代理人协商执行事宜

（一）应当从有利于执行考虑，决定是否与被执行人的代理人联系；

（二）确有必要与被执行人本人联系的，应当告知被执行人有义务配合法院执行工作，不得推托。

第五十七条　申请执行人来电或者来访查询案件执行情况

（一）认真做好记录，及时说明执行进展情况；

（二）申请执行人要求查阅有关案卷材料的，应当准许，但法律规定应予保密的除外。

第五十八条　有关当事人要求退还材料原件

应当在核对当事人提交的副本后将原件退还，并由该当事人签字或者盖章后归档备查。

第五十九条　被执行财产的查找

（一）申请执行人向法院提供被执行财产线索的，应当及时进行调查，依法采取相应的执行措施，并将有关情况告知申请执行人；

（二）应当积极依职权查找被执行人财产，并及时依法采取相应执行措施。

第六十条　执行当事人请求和解

（一）及时将和解请求向对方当事人转达，并以适当方式客观说明执行的难度和风险，促成执行当事人达成和解；

（二）当事人拒绝和解的，应当继续依法执行；

（三）申请执行人和被执行人达成和解的，应当制作书面和解协议并归档，或者将口头达成的和解协议内容记入笔录，并由双方当事人签字或者盖章。

第六十一条 执行中的暂缓、中止、终结

（一）严格依照法定条件和程序采取暂缓、中止、终结执行措施；

（二）告知申请执行人暂缓、中止、终结执行所依据的事实和相关法律规定，并耐心做好解释工作；

（三）告知申请执行人暂缓、中止执行后恢复执行的条件和程序；

（四）暂缓、中止、终结执行确有错误的，应当及时依法纠正。

第六十二条 被执行人对受委托法院执行管辖提出异议

（一）审查案件是否符合委托执行条件，不符合条件的，及时向领导汇报，采取适当方式纠正；

（二）符合委托执行条件的，告知被执行人受委托法院受理执行的依据并依法执行。

第六十三条 案外人对执行提出异议

（一）要求案外人提供有关异议的证据材料，并及时进行审查；

（二）根据具体情况，可以对执行财产采取限制性措施，暂不处分；

（三）异议成立的，采取适当方式纠正；异议不成立的，依法予以驳回。

第六十四条 对被执行人财产采取查封、扣押、冻结、拍卖、变卖等措施

（一）严格依照规定办理手续，不得超标的、超金额查封、扣押、冻结被执行人财产；

（二）对采取措施的财产要认真制作清单，记录好种类、数量，并由当事人签字或者盖章予以确认；

（三）严格按照拍卖、变卖的有关规定，依法委托评估、拍卖机构，不得损害当事人合法利益。

第六十五条 执行款的收取

（一）执行款应当直接划入执行款专用账户；

（二）被执行人即时交付现金或者票据的，应当会同被执行人将现金或者票据交法院财务部门，并及时向被执行人出具收据；

（三）异地执行、搜查扣押、小额标的执行或者因情况紧急确需执行人员直接代收现金或者票据的，应当即时向交款人出具收据，并及时移交法院财务部门；

（四）严禁违规向申请执行人和被执行人收取费用。

第六十六条　执行款的划付

（一）应当在规定期限内办理执行费用和执行款的结算手续，并及时通知申请执行人办理取款手续；

（二）需要延期划付的，应当在期限届满前书面说明原因，并报有关领导审查批准；

（三）申请执行人委托或者指定他人代为收款的，应当审查其委托手续是否齐全、有效，并要求收款人出具合法有效的收款凭证。

第六十七条　被执行人以生效法律文书在实体或者程序上存在错误而不履行

（一）生效法律文书确有错误的，告知当事人可以依法按照审判监督程序申请再审或者申请有关法院补正，并及时向领导报告；

（二）生效法律文书没有错误的，要及时做好解释工作并继续执行。

第六十八条　有关部门和人员不协助执行

（一）应当告知其相关法律规定，做好说服教育工作；

（二）仍拒不协助的，依法采取有关强制措施。

七、涉诉信访处理

第六十九条　基本要求

（一）高度重视并认真做好涉诉信访工作，切实保护信访人合法权益；

（二）及时处理信访事项，努力做到来访有接待、来信有着落、申诉有回复；

（三）依法文明接待，维护人民法院良好形象。

第七十条　对来信的处理

（一）及时审阅并按规定登记，不得私自扣押或者拖延不办；

（二）需要回复和退回有关材料的，应当及时回复、退回；

（三）需要向有关部门和下级法院转办的，应当及时转办。

第七十一条　对来访的接待

（一）及时接待，耐心听取来访人的意见并做好记录；

（二）能当场解答的，应当立即给予答复，不能当场解答的，收取材料并告知按约定期限等待处理结果。

第七十二条　来访人系老弱病残孕者

（一）优先接待；

（二）来访人申请救助的，可以根据情况帮助联系社会救助站；

（三）在接待时来访人出现意外情况的，应当立即采取适当救护措施。

第七十三条　集体来访

（一）向领导报告，及时安排接待并联系有关部门共同处理；

（二）视情况告知选派 1 至 5 名代表说明来访目的和理由；

（三）稳定来访人情绪，并做好劝导工作。

第七十四条　信访事项不属于法院职权范围

告知法院无权处理并解释原因，根据信访事项内容指明有权处理机关。

第七十五条　信访事项涉及国家秘密、商业秘密或者个人隐私

（一）妥善保管涉及秘密和个人隐私的材料；

（二）自觉遵守有关规定，不披露、不使用在信访工作中获得的国家秘密、商业秘密或者个人隐私。

第七十六条　信访人反映辖区法院裁判不公、执行不力、审判作风等问题

（一）认真记录信访人所反映的情况；

（二）对法院裁判不服的，告知其可以依法上诉、申诉或者申请再审；

（三）反映其他问题的，及时将材料转交法院有关部门处理。

第七十七条　信访人反复来信来访催促办理结果

（一）告知规定的办理期限，劝其耐心等待处理结果；

（二）情况紧急的，及时告知承办人或者承办部门；

（三）超过办理期限的，应当告知超期的理由。

第七十八条 信访人对处理结果不满，要求重新处理

（一）处理确实不当的，及时报告领导，按规定进行纠正；

（二）处理结果正确的，应当做好相关解释工作，详细说明处理程序和依据。

第七十九条 来访人表示不解决问题就要滞留法院或者采取其他极端方式

（一）及时进行规劝和教育，避免使用不当言行刺激来访人；

（二）立即向领导报告，积极采取适当措施，防止意外发生。

八、业外活动

第八十条 基本要求

（一）遵守社会公德，遵纪守法；

（二）加强修养，严格自律；

（三）约束业外言行，杜绝与法官形象不相称的、可能影响公正履行职责的不良嗜好和行为，自觉维护法官形象。

第八十一条 受邀请参加座谈、研讨活动

（一）对与案件有利害关系的机关、企事业单位、律师事务所、中介机构等的邀请应当谢绝；

（二）对与案件无利害关系的党、政、军机关、学术团体、群众组织的邀请，经向单位请示获准后方可参加。

第八十二条 受邀请参加各类社团组织或者联谊活动

（一）确需参加在各级民政部门登记注册的社团组织的，及时报告并由所在法院按照法官管理权限审批；

（二）不参加营利性社团组织；

（三）不接受有违清正廉洁要求的吃请、礼品和礼金。

第八十三条 从事写作、授课等活动

（一）在不影响审判工作的前提下，可以利用业余时间从事写作、授课等活动；

（二）在写作、授课过程中，应当避免对具体案件和有关当事人进行评论，不披露或者使用在工作中获得的国家秘密、商业秘密、个人隐私及其他非公开信息；

（三）对于参加司法职务外活动获得的合法报酬，应当依法纳税。

第八十四条　接受新闻媒体与法院工作有关的采访

（一）接受新闻媒体采访必须经组织安排或者批准；

（二）在接受采访时，不发表有损司法公正的言论，不对正在审理中的案件和有关当事人进行评论，不披露在工作中获得的国家秘密、商业秘密、个人隐私及其他非公开信息。

第八十五条　本人或者亲友与他人发生矛盾

（一）保持冷静、克制，通过正当、合法途径解决；

（二）不得利用法官身份寻求特殊照顾，不得妨碍有关部门对问题的解决。

第八十六条　本人及家庭成员遇到纠纷需通过诉讼方式解决

（一）对本人的案件或者以直系亲属代理人身份参加的案件，应当依照有关法律规定，平等地参与诉讼；

（二）在诉讼过程中不以法官身份获取特殊照顾，不利用职权收集所需证据；

（三）对非直系亲属的其他家庭成员的诉讼案件，一般应当让其自行委托诉讼代理人，法官本人不宜作为诉讼代理人参与诉讼。

第八十七条　出入社交场所注意事项

（一）参加社交活动要自觉维护法官形象；

（二）严禁乘警车、穿制服出入营业性娱乐场所。

第八十八条　家人或者朋友约请参与封建迷信活动

（一）不得参加邪教组织或者参与封建迷信活动；

（二）向家人和朋友宣传科学，引导他们相信科学、反对封建迷信；

（三）对利用封建迷信活动违法犯罪的，应当立即向有关组织和公安部门反映。

第八十九条 因私出国（境）探亲、旅游

（一）如实向组织申报所去的国家、地区及返回的时间，经组织同意后方可出行；

（二）准时返回工作岗位；

（三）遵守当地法律，尊重当地民风民俗和宗教习惯；

（四）注意个人形象，维护国家尊严。

九、监督和惩戒

第九十条 各级人民法院要严格要求并督促本院法官遵守本规范，具体由各级法院的政治部门和纪检监察部门负责。

第九十一条 上级人民法院指导、监督下级人民法院对本规范的贯彻执行，最高人民法院指导和监督地方各级人民法院对本规范的贯彻执行。

第九十二条 地方各级人民法院应当结合本院实际，研究制定具体的实施细则或实施办法，切实加强本规范的培训与考核。

第九十三条 各级人民法院广大法官要自觉遵守和执行本规范，对违反本规范的人员，情节较轻且没有危害后果的，进行诫勉谈话和批评教育；构成违纪的，根据人民法院有关纪律处分的规定进行处理；构成违法的，根据法律规定严肃处理。

十、附则

第九十四条 人民陪审员以及人民法院其他工作人员参照本规范执行，法官退休后应当参照本规范有关要求约束言行。

第九十五条 本规范由最高人民法院负责解释。

第九十六条 本规范自发布之日起施行，最高人民法院 2005 年 11 月 4 日发布的《法官行为规范（试行）》同时废止。

中华人民共和国人民法院法庭规则

（1993 年 11 月 26 日最高人民法院审判委员会第 617 次会议通过，根据 2015 年 12 月 21 日最高人民法院审判委员会第 1673 次会议通过的《最高人民法院关于修改〈中华人民共和国人民法院法庭规则〉的决定》修正），并于 2016 年 5 月 1 日实施。

第一条 为了维护法庭安全和秩序，保障庭审活动正常进行，保障诉讼参与人依法行使诉讼权利，方便公众旁听，促进司法公正，彰显司法权威，根据《中华人民共和国人民法院组织法》《中华人民共和国刑事诉讼法》《中华人民共和国民事诉讼法》《中华人民共和国行政诉讼法》等有关法律规定，制定本规则。

第二条 法庭是人民法院代表国家依法审判各类案件的专门场所。

法庭正面上方应当悬挂国徽。

第三条 法庭分设审判活动区和旁听区，两区以栏杆等进行隔离。

审理未成年人案件的法庭应当根据未成年人身心发展特点设置区域和席位。

有新闻媒体旁听或报道庭审活动时，旁听区可以设置专门的媒体记者席。

第四条 刑事法庭可以配置同步视频作证室，供依法应当保护或其他确有保护必要的证人、鉴定人、被害人在庭审作证时使用。

第五条 法庭应当设置残疾人无障碍设施；根据需要配备合议庭合议室，检察人员、律师及其他诉讼参与人休息室，被告人羁押室等附属场所。

第六条 进入法庭的人员应当出示有效身份证件，并接受人身及携带物品的安全检查。

持有效工作证件和出庭通知履行职务的检察人员、律师可以通过专门通道进入法庭。需要安全检查的，人民法院对检察人员和律师平等对待。

第七条 除经人民法院许可，需要在法庭上出示的证据外，下列物品不得携带进入法庭：

（一）枪支、弹药、管制刀具以及其他具有杀伤力的器具；

（二）易燃易爆物、疑似爆炸物；

（三）放射性、毒害性、腐蚀性、强气味性物质以及传染病病原体；

（四）液体及胶状、粉末状物品；

（五）标语、条幅、传单；

（六）其他可能危害法庭安全或妨害法庭秩序的物品。

第八条 人民法院应当通过官方网站、电子显示屏、公告栏等向公众公开各法庭的编号、具体位置以及旁听席位数量等信息。

第九条 公开的庭审活动，公民可以旁听。

旁听席位不能满足需要时，人民法院可以根据申请的先后顺序或者通过抽签、摇号等方式发放旁听证，但应当优先安排当事人的近亲属或其他与案件有利害关系的人旁听。

下列人员不得旁听：

（一）证人、鉴定人以及准备出庭提出意见的有专门知识的人；

（二）未获得人民法院批准的未成年人；

（三）拒绝接受安全检查的人；

（四）醉酒的人、精神病人或其他精神状态异常的人；

（五）其他有可能危害法庭安全或妨害法庭秩序的人。

依法有可能封存犯罪记录的公开庭审活动，任何单位或个人不得组织人员旁听。

依法不公开的庭审活动，除法律另有规定外，任何人不得旁听。

第十条 人民法院应当对庭审活动进行全程录像或录音。

第十一条 依法公开进行的庭审活动，具有下列情形之一的，人民法院可以通过电视、互联网或其他公共媒体进行图文、音频、视频直播或录播：

（一）公众关注度较高；

（二）社会影响较大；

（三）法治宣传教育意义较强。

第十二条 出庭履行职务的人员，按照职业着装规定着装。但是，具有下列情形之一的，着正装：

（一）没有职业着装规定；

（二）侦查人员出庭作证；

（三）所在单位系案件当事人。

非履行职务的出庭人员及旁听人员，应当文明着装。

第十三条 刑事在押被告人或上诉人出庭受审时，着正装或便装，不着监管机构的识别服。

人民法院在庭审活动中不得对被告人或上诉人使用戒具，但认为其人身危险性大，可能危害法庭安全的除外。

第十四条 庭审活动开始前，书记员应当宣布本规则第十七条规定的法庭纪律。

第十五条 审判人员进入法庭以及审判长或独任审判员宣告判决、裁定、决定时，全体人员应当起立。

第十六条 人民法院开庭审判案件应当严格按照法律规定的诉讼程序进行。

审判人员在庭审活动中应当平等对待诉讼各方。

第十七条 全体人员在庭审活动中应当服从审判长或独任审判员的指挥，尊重司法礼仪，遵守法庭纪律，不得实施下列行为：

（一）鼓掌、喧哗；

（二）吸烟、进食；

（三）拨打或接听电话；

（四）对庭审活动进行录音、录像、拍照或使用移动通信工具等传播庭审活动；

（五）其他危害法庭安全或妨害法庭秩序的行为。

检察人员、诉讼参与人发言或提问，应当经审判长或独任审判员许可。

旁听人员不得进入审判活动区，不得随意站立、走动，不得发言和提问。

媒体记者经许可实施第一款第四项规定的行为，应当在指定的时间及区域进行，不得影响或干扰庭审活动。

第十八条 审判长或独任审判员主持庭审活动时，依照规定使用法槌。

第十九条 审判长或独任审判员对违反法庭纪律的人员应当予以警告；对不听警告的，予以训诫；对训诫无效的，责令其退出法庭；对拒不退出法庭的，指令司法警察将其强行带出法庭。

行为人违反本规则第十七条第一款第四项规定的，人民法院可以暂扣其使用的设备及存储介质，删除相关内容。

第二十条 行为人实施下列行为之一，危及法庭安全或扰乱法庭秩序的，根据相关法律规定，予以罚款、拘留；构成犯罪的，依法追究其刑事责任：

（一）非法携带枪支、弹药、管制刀具或者爆炸性、易燃性、放射性、毒害性、腐蚀性物品以及传染病病原体进入法庭；

（二）哄闹、冲击法庭；

（三）侮辱、诽谤、威胁、殴打司法工作人员或诉讼参与人；

（四）毁坏法庭设施，抢夺、损毁诉讼文书、证据；

（五）其他危害法庭安全或扰乱法庭秩序的行为。

第二十一条 司法警察依照审判长或独任审判员的指令维持法庭秩序。

出现危及法庭内人员人身安全或者严重扰乱法庭秩序等紧急情况时，司法警察可以直接采取必要的处置措施。

人民法院依法对违反法庭纪律的人采取的扣押物品、强行带出法庭以及罚款、拘留等强制措施，由司法警察执行。

第二十二条 人民检察院认为审判人员违反本规则的，可以在庭审活动结束后向人民法院提出处理建议。

诉讼参与人、旁听人员认为审判人员、书记员、司法警察违反本规则的，可以在庭审活动结束后向人民法院反映。

第二十三条 检察人员违反本规则的，人民法院可以向人民检察院通报情况并提出处理建议。

第二十四条 律师违反本规则的，人民法院可以向司法行政机关及律师协会通报情况并提出处理建议。

第二十五条 人民法院进行案件听证、国家赔偿案件质证、网络视频远程审理以及在法院以外的场所巡回审判等，参照适用本规则。

第二十六条 外国人、无国籍人旁听庭审活动，外国媒体记者报道庭审活动，应当遵守本规则。

第二十七条 本规则自 2016 年 5 月 1 日起施行；最高人民法院此前发布的司法解释及规范性文件与本规则不一致的，以本规则为准。

最高人民法院关于人民法院合议庭工作的若干规定

（2002 年 7 月 30 日最高人民法院审判委员会第 1234 次会议通过 法释〔2002〕25 号）

为了进一步规范合议庭的工作程序，充分发挥合议庭的职能作用，根据《中华人民共和国法院组织法》、《中华人民共和国刑事诉讼法》、《中华人民共和国民事诉讼法》、《中华人民共和国行政诉讼法》等法律的有关规定，结合人民法院审判工作实际，制定本规定。

第一条 人民法院实行合议制审判第一审案件，由法官或者由法官和人民陪审员组成合议庭进行；人民法院实行合议制审判第二审案件和其他应当组成合议庭审判的案件，由法官组成合议庭进行。

人民陪审员在人民法院执行职务期间，除不能担任审判长外，同法官有同等的权利义务。

第二条 合议庭的审判长由符合审判长任职条件的法官担任。

院长或者庭长参加合议庭审判案件的时候，自己担任审判长。

第三条 合议庭组成人员确定后，除因回避或者其他特殊情况，不能继续参加案件审理的之外，不得在案件审理过程中更换。更换合议庭成员，应当报请院长或者庭长决定。合议庭成员的更换情况应当及时通知诉讼当事人。

第四条 合议庭的审判活动由审判长主持，全体成员平等参与案件的审理、评议、裁判，共同对案件认定事实和适用法律负责。

第五条 合议庭承担下列职责：

（一）根据当事人的申请或者案件的具体情况，可以作出财产保全、证据保全、先予执行等裁定；

（二）确定案件委托评估、委托鉴定等事项；

（三）依法开庭审理第一审、第二审和再审案件；

（四）评议案件；

（五）提请院长决定将案件提交审判委员会讨论决定；

（六）按照权限对案件及其有关程序性事项作出裁判或者提出裁判意见；

（七）制作裁判文书；

（八）执行审判委员会决定；

（九）办理有关审判的其他事项。

第六条 审判长履行下列职责：

（一）指导和安排审判辅助人员做好庭前调解、庭前准备及其他审判业务辅助性工作；

（二）确定案件审理方案、庭审提纲、协调合议庭成员的庭审分工以及做好其他必要的庭审准备工作；

（三）主持庭审活动；

（四）主持合议庭对案件进行评议；

（五）依照有关规定，提请院长决定将案件提交审判委员会讨论决定；

（六）制作裁判文书，审核合议庭其他成员制作的裁判文书；

（七）依照规定权限签发法律文书；

（八）根据院长或者庭长的建议主持合议庭对案件复议；

（九）对合议庭遵守案件审理期限制度的情况负责；

（十）办理有关审判的其他事项。

第七条　合议庭接受案件后，应当根据有关规定确定案件承办法官，或者由审判长指定案件承办法官。

第八条　在案件开庭审理过程中，合议庭成员必须认真履行法定职责，遵守《中华人民共和国法官职业道德基本准则》中有关司法礼仪的要求。

第九条　合议庭评议案件应当在庭审结束后五个工作日内进行。

第十条　合议庭评议案件时，先由承办法官对认定案件事实、证据是否确实、充分以及适用法律等发表意见，审判长最后发表意见；审判长作为承办法官的，由审判长最后发表意见。对案件的裁判结果进行评议时，由审判长最后发表意见。审判长应当根据评议情况总结合议庭评议的结论性意见。

合议庭成员进行评议的时候，应当认真负责，充分陈述意见，独立行使表决权，不得拒绝陈述意见或者仅作同意与否的简单表态。同意他人意见的，也应当提出事实根据和法律依据，进行分析论证。

合议庭成员对评议结果的表决，以口头表决的形式进行。

第十一条　合议庭进行评议的时候，如果意见分歧，应当按多数人的意见作出决定，但是少数人的意见应当写入笔录。

评议笔录由书记员制作，由合议庭的组成人员签名。

第十二条　合议庭应当依照规定的权限，及时对评议意见一致或者形成多数意见的案件直接作出判决或者裁定。但是对于下列案件，合议庭应当提请院长决定提交审判委员会讨论决定：

（一）拟判处死刑的；

（二）疑难、复杂、重大或者新类型的案件，合议庭认为有必要提交审判委员会讨论决定的；

（三）合议庭在适用法律方面有重大意见分歧的；

（四）合议庭认为需要提请审判委员会讨论决定的其他案件，或者本院审判委员会确定的应当由审判委员会讨论决定的案件。

第十三条 合议庭对审判委员会的决定有异议，可以提请院长决定提交审判委员会复议一次。

第十四条 合议庭一般应当在作出评议结论或者审判委员会作出决定后的五个工作日内制作出裁判文书。

第十五条 裁判文书一般由审判长或者承办法官制作。但是审判长或者承办法官的评议意见与合议庭评议结论或者审判委员会的决定有明显分歧的，也可以由其他合议庭成员制作裁判文书。

对制作的裁判文书，合议庭成员应当共同审核，确认无误后签名。

第十六条 院长、庭长可以对合议庭的评议意见和制作的裁判文书进行审核，但是不得改变合议庭的评议结论。

第十七条 院长、庭长在审核合议庭的评议意见和裁判文书过程中，对评议结论有异议的，可以建议合议庭复议，同时应当对要求复议的问题及理由提出书面意见。

合议庭复议后，庭长仍有异议的，可以将案件提请院长审核，院长可以提交审判委员会讨论决定。

第十八条 合议庭应当严格执行案件审理期限的有关规定。遇有特殊情况需要延长审理期限的，应当在审限届满前按规定的时限报请审批。

人民法院法官袍穿着规定

为增强法官的职业责任感，进一步树立法官公正审判形象，现就法官袍穿着问题规定如下：

第一条　人民法院的法官配备法官袍。

第二条　法官在下列场合应当穿着法官袍：

（一）审判法庭开庭审判案件；

（二）出席法官任命或者授予法官等级仪式。

第三条　法官在下列场合可以穿着法官袍：

（一）出席重大外事活动；

（二）出席重大法律纪念、庆典活动。

第四条　法官在本规定第二条、第三条之外的其他场合，不得穿着法官袍，其他人员在任何场合不得穿着法官袍。

第五条　暂不具备条件的基层人民法院，开庭审判案件时可以不穿着法官袍，具体办法由各高级人民法院根据当地的具体情况制定。

第六条　法官袍应当妥善保管，保持整洁。

第七条　有关法官袍穿着规定与本规定不一致的，以本规定为准。

人民法院法槌使用规定

为维护法庭秩序，保障审判活动的正常进行，现就人民法院法槌使用问题规定如下：

第一条　人民法院审判人员在审判法庭开庭审理案件时使用法槌。

适用普通程序审理案件时，由审判长使用法槌；适用简易程序审理案件时，由独任审判员使用法槌。

第二条　有下列情形之一的，应当使用法槌：

（一）宣布开庭、继续开庭；

（二）宣布休庭、闭庭；

（三）宣布判决、裁定。

第三条　有下列情形之一的，可以使用法槌：

（一）诉讼参与人、旁听人员违反《中华人民共和国人民法院法庭规则》，妨害审判活动，扰乱法庭秩序的；

（二）诉讼参与人的陈述与本案无关或者重复陈述的；

（三）审判长或者独任审判员认为有必要使用法槌的其他情形。

第四条 法槌应当放置在审判长或者独任审判员的法台前方。

第五条 审判长、独任审判员使用法槌的程序如下：

（一）宣布开庭、继续开庭时，先敲击法槌，后宣布开庭、继续开庭；

（二）宣布休庭、闭庭时，先宣布休庭、闭庭，后敲击法槌；

（三）宣布判决、裁定时，先宣布判决、裁定，后敲击法槌；

（四）其他情形使用法槌时，应当先敲击法槌，后对庭审进程作出指令。

审判长、独任审判员在使用法槌时，一般敲击一次。

第六条 诉讼参与人、旁听人员在听到槌声后，应当立即停止发言和违反法庭规则的行为；仍继续其行为的，审判长、独任审判员可以分别情形，依照《中华人民共和国人民法院法庭规则》的有关规定予以处理。

第七条 法槌由最高人民法院监制。

第八条 本规定（试行）自 2002 年 6 月 1 日起施行。

律师出庭服装使用管理办法

（2002 年 3 月 30 日中华全国律师协会四届十二次常务理事会通过）

第一条 为了加强律师队伍的管理，规范律师出庭服装着装行为，增强律师执业责任感，根据《中华人民共和国律师法》相关规定，制定本办法。

第二条 律师担任辩护人、代理人参加法庭审理，必须穿着律师出庭服装。

第三条 律师出庭服装由律师袍和领巾组成。

第四条 律师出庭着装时，应遵守以下规定：

（一）律师出庭服装仅使用于法庭审理过程中，不得在其他任何时间、场合穿着；

（二）律师出庭统一着装时，应按照规定配套穿着：内着浅色衬衣，佩带领巾，外着律师袍，律师袍上佩带律师徽章。下着深色西装裤、深色皮鞋，女律师可着深色西装套裙；

（三）保持律师出庭服装的洁净、平整，服装不整洁或有破损的不得使用；

（四）律师穿着律师出庭服装时，应表现出严肃、庄重的精神风貌。律师出庭服装外不得穿着或佩带其他衣物或饰品。

第五条　律师出庭服装的式样、面料、颜色等由中华全国律师协会常务理事会审定。

第六条　中华全国律师协会负责统一制作律师出庭服装。

未经中华全国律师协会授权而制作律师出庭服装的行为均侵犯律师出庭服装的知识产权。

第七条　中华全国律师协会负责将律师出庭服装式样报最高人民法院、最高人民检察院备案。

第八条　各级律师协会对律师出庭服装的使用实行监督检查。

第九条　律师事务所负责本所律师出庭服装的管理。律师出庭服装的购置、更新或因遗失、严重坏损而需要重新购置的，由律师事务所向所在地地市级律师协会提出申请，省、自治区、直辖市律师协会汇总各地申请，统一向中华全国律师协会申请购置律师出庭服装。

第十条　中华全国律师协会每年6月1日至20日、12月1日至20日受理购置律师出庭服装的申请。

第十一条　律师出庭服装的费用由律师事务所承担。律师调离律师事务所时，需将律师出庭服装交还律师事务所。

第十二条　律师出庭服装不得转送、转借给非律师人员。如有遗失、损坏，要及时向所在地律师协会报告。

第十三条　对违反本办法的，参照中华全国律师协会《律师协会会员处分规则》，由律师协会予以训诫处分，情节严重者，予以通报批评。

第十四条　本办法自 2003 年 1 月 1 日起施行。

第十五条　本办法由全国律协常务理事会负责解释。

律师执业行为规范（节选）

（2004 年 3 月 20 日五届中华全国律师协会第 9 次常务理事会审议通过试行；2009 年 12 月 27 日七届中华全国律师协会第 2 次理事会修订 2017 年 1 月 8 日九届中华全国律师协会 2 次常务理事会第 2 次修订并试行）

第一章　总则

第一条　为规范律师执业行为，保障律师执业权益，根据《中华人民共和国律师法》和《中华全国律师协会章程》制定本规范。

第二条　本规范是律师规范执业行为的指引，是评判律师执业行为的行业标准，是律师自我约束的行为准则。

第四条　律师执业行为违反本规范中强制性规范的，将依据相关规范性文件给予处分或惩戒。本规范中的任意性规范，律师应当自律遵守。

第五条　本规范适用于作为中华全国律师协会会员的律师和律师事务所，律师事务所其他从业人员参照本规范执行。

第二章　律师执业基本行为规范

第六条　律师应当忠于宪法、法律，恪守律师职业道德和执业纪律。

第七条　律师应当诚实守信、勤勉尽责，依据事实和法律，维护当事人合法权益，维护法律正确实施，维护社会公平和正义。

第八条　律师应当注重职业修养，自觉维护律师行业声誉。

第九条　律师应当保守在执业活动中知悉的国家秘密、商业秘密，不得泄露当事人的隐私。

　　律师对在执业活动中知悉的委托人和其他人不愿泄露的情况和信息，应当予以保密。但是，委托人或者其他人准备或者正在实施的危害国家安全、公共安全以及其他严重危害他人人身、财产安全的犯罪事实和信息除外。

　　第十条　律师应当尊重同行，公平竞争，同业互助。

　　第十一条　律师协会倡导律师关注、支持、积极参加社会公益事业。

　　第十二条　律师在执业期间不得以非律师身份从事法律服务。

　　律师只能在一个律师事务所执业。

　　律师不得在受到停止执业处罚期间继续执业，或者在律师事务所被停业整顿期间、注销后继续以原所名义执业。

　　第十三条　律师不得在同一案件中为双方当事人担任代理人，不得代理与本人或者其近亲属有利益冲突的法律事务。

　　第十四条　律师担任各级人民代表大会常务委员会组成人员的，任职期间不得从事诉讼代理或者辩护业务。

　　第十五条　律师不得为以下行为：

　　（一）产生不良社会影响，有损律师行业声誉的行为；

　　（二）妨碍国家司法、行政机关依法行使职权的行为；

　　（三）参加法律所禁止的机构、组织或者社会团体；

　　（四）其他违反法律、法规、律师协会行业规范及职业道德的行为。

　　（五）其他违反社会公德，严重损害律师职业形象的行为。

第四章　律师与委托人或当事人的关系规范

第一节　委托代理关系

　　第三十五条　律师应当与委托人就委托事项范围、内容、权限、费用、期限等进行协商，经协商达成一致后，由律师事务所与委托人签署委托协议。

　　第三十六条　律师应当充分运用专业知识，依照法律和委托协议完成委托事项，维护委托人或者当事人的合法权益。

　　第三十七条　律师与所任职律师事务所有权根据法律规定、公平正义及律师执业道德标准，选择实现委托人或者当事人目的的方案。

第三十八条 律师应当严格按照法律规定的期间、时效以及与委托人约定的时间办理委托事项。对委托人了解委托事项办理情况的要求，应当及时给予答复。

第三十九条 律师应当建立律师业务档案，保存完整的工作记录。

第四十条 律师应谨慎保管委托人或当事人提供的证据原件、原物、音像资料底版以及其他材料。

第四十一条 律师接受委托后，应当在委托人委托的权限内开展执业活动，不得超越委托权限。

第四十二条 律师接受委托后，无正当理由不得拒绝辩护或者代理、或以其他方式终止委托。委托事项违法、委托人利用律师提供的服务从事违法活动或者委托人故意隐瞒与案件有关的重要事实的，律师有权告知委托人并要求其整改，有权拒绝辩护或者代理、或以其他方式终止委托，并有权就已经履行事务取得律师费。

第四十三条 律师在承办受托业务时，对已经出现的和可能出现的不可克服的困难、风险，应当及时通知委托人，并向律师事务所报告。

第二节 禁止虚假承诺

第四十四条 律师根据委托人提供的事实和证据，依据法律规定进行分析，向委托人提出分析性意见。

第四十五条 律师的辩护、代理意见未被采纳，不属于虚假承诺。

第三节 禁止非法牟取委托人权益

第四十六条 律师和律师事务所不得利用提供法律服务的便利，牟取当事人争议的权益。

第四十七条 律师和律师事务所不得违法与委托人就争议的权益产生经济上的联系，不得与委托人约定将争议标的物出售给自己；不得委托他人为自己或为自己的近亲属收购、租赁委托人与他人发生争议的标的物。

第四十八条 律师事务所可以依法与当事人或委托人签订以回收款项或标的物为前提按照一定比例收取货币或实物作为律师费用的协议。

第四节 利益冲突审查

第四十九条 律师事务所应当建立利益冲突审查制度。律师事务所在接受委托之前，应当进行利益冲突审查并作出是否接受委托决定。

第五十条 办理委托事务的律师与委托人之间存在利害关系或利益冲突的，不得承办该业务并应当主动提出回避。

第五十一条 有下列情形之一的，律师及律师事务所不得与当事人建立或维持委托关系：

（一）律师在同一案件中为双方当事人担任代理人，或代理与本人或者其近亲属有利益冲突的法律事务的；

（二）律师办理诉讼或者非诉讼业务，其近亲属是对方当事人的法定代表人或者代理人的；

（三）曾经亲自处理或者审理过某一事项或者案件的行政机关工作人员、审判人员、检察人员、仲裁员，成为律师后又办理该事项或者案件的；

（四）同一律师事务所的不同律师同时担任同一刑事案件的被害人的代理人和犯罪嫌疑人、被告人的辩护人，但在该县区域内只有一家律师事务所且事先征得当事人同意的除外；

（五）在民事诉讼、行政诉讼、仲裁案件中，同一律师事务所的不同律师同时担任争议双方当事人的代理人，或者本所或其工作人员为一方当事人，本所其他律师担任对方当事人的代理人的；

（六）在非诉讼业务中，除各方当事人共同委托外，同一律师事务所的律师同时担任彼此有利害关系的各方当事人的代理人的；

（七）在委托关系终止后，同一律师事务所或同一律师在同一案件后续审理或者处理中又接受对方当事人委托的；

（八）其他与本条第（一）至第（七）项情形相似，且依据律师执业经验和行业常识能够判断为应当主动回避且不得办理的利益冲突情形。

第五十二条 有下列情形之一的，律师应当告知委托人并主动提出回避，但委托人同意其代理或者继续承办的除外：

（一）接受民事诉讼、仲裁案件一方当事人的委托，而同所的其他律师是该案件中对方当事人的近亲属的；

（二）担任刑事案件犯罪嫌疑人、被告人的辩护人，而同所的其他律师是该案件被害人的近亲属的；

（三）同一律师事务所接受正在代理的诉讼案件或者非诉讼业务当事人的对方当事人所委托的其他法律业务的；

（四）律师事务所与委托人存在法律服务关系，在某一诉讼或仲裁案件中该委托人未要求该律师事务所律师担任其代理人，而该律师事务所律师担任该委托人对方当事人的代理人的；

（五）在委托关系终止后一年内，律师又就同一法律事务接受与原委托人有利害关系的对方当事人的委托的；

（六）其他与本条第（一）至第（五）项情况相似，且依据律师执业经验和行业常识能够判断的其他情形。

律师和律师事务所发现存在上述情形的，应当告知委托人利益冲突的事实和可能产生的后果，由委托人决定是否建立或维持委托关系。委托人决定建立或维持委托关系的，应当签署知情同意书，表明当事人已经知悉存在利益冲突的基本事实和可能产生的法律后果，以及当事人明确同意与律师事务所及律师建立或维持委托关系。

第五十三条　委托人知情并签署知情同意书以示豁免的，承办律师在办理案件的过程中应对各自委托人的案件信息予以保密，不得将与案件有关的信息披露给相对人的承办律师。

第五节　保管委托人财产

第五十四条　律师事务所可以与委托人签订书面保管协议，妥善保管委托人财产，严格履行保管协议。

第五十五条　律师事务所受委托保管委托人财产时，应当将委托人财产与律师事务所的财产、律师个人财产严格分离。

第六节　转委托

第五十六条　未经委托人同意，律师事务所不得将委托人委托的法律事务转委托其他律师事务所办理。但在紧急情况下，为维护委托人的利益可以转委托，但应当及时告知委托人。

第五十七条　受委托律师遇有突患疾病、工作调动等紧急情况不能履行委托协议时，应当及时报告律师事务所，由律师事务所另行指定其他律师继续承办，并及时告知委托人。

第五十八条　非经委托人的同意，不能因转委托而增加委托人的费用支出。

第七节　委托关系的解除与终止

第五十九条　有下列情形之一的，律师事务所应当终止委托关系：

（一）委托人提出终止委托协议的；

（二）律师受到吊销执业证书或者停止执业处罚的，经过协商，委托人不同意更换律师的；

（三）当发现有本规范第五十条规定的利益冲突情形的；

（四）受委托律师因健康状况不适合继续履行委托协议的，经过协商，委托人不同意更换律师的；

（五）继续履行委托协议违反法律、法规、规章或者本规范的。

第六十条　有下列情形之一，经提示委托人不纠正的，律师事务所可以解除委托协议：

（一）委托人利用律师提供的法律服务从事违法犯罪活动的；

（二）委托人要求律师完成无法实现或者不合理的目标的；

（三）委托人没有履行委托合同义务的；

（四）在事先无法预见的前提下，律师向委托人提供法律服务将会给律师带来不合理的费用负担，或给律师造成难以承受的、不合理的困难的；

（五）其他合法的理由的。

第六十一条　律师事务所依照本规范第五十八条、五十九条的规定终止代理或者解除委托的，委托人与律师事务所协商解除协议的，委托人单方终止委托代理协议的，律师事务所有权收取已提供服务部分的费用。

第六十二条　律师事务所与委托人解除委托关系后，应当退还当事人提供的资料原件、物证原物、视听资料底版等证据，并可以保留复印件存档。

第五章 律师与诉讼或仲裁规范

第一节 调查取证

第六十三条 律师应当依法调查取证。

第六十四条 律师不得向司法机关或者仲裁机构提交明知是虚假的证据。

第六十五条 律师作为证人出庭作证的，不得再接受委托担任该案的辩护人或者代理人出庭。

第二节 尊重法庭与规范接触司法人员

第六十六条 律师应当遵守法庭、仲裁庭纪律，遵守出庭时间、举证时限、提交法律文书期限及其他程序性规定。

第六十七条 在开庭审理过程中，律师应当尊重法庭、仲裁庭。

第六十八条 律师在执业过程中，因对事实真假、证据真伪及法律适用是否正确而与诉讼相对方意见不一致的，或者为了向案件承办人提交新证据的，与案件承办人接触和交换意见应当在司法机关内指定场所。

第六十九条 律师在办案过程中，不得与所承办案件有关的司法、仲裁人员私下接触。

第七十条 律师不得贿赂司法机关和仲裁机构人员，不得以许诺回报或者提供其他利益（包括物质利益和非物质形态的利益）等方式，与承办案件的司法、仲裁人员进行交易。

律师不得介绍贿赂或者指使、诱导当事人行贿。

第三节 庭审仪表和语态

第七十一条 律师担任辩护人、代理人参加法庭、仲裁庭审理，应当按照规定穿着律师出庭服装，佩戴律师出庭徽章，注重律师职业形象。

第七十二条 律师在法庭或仲裁庭发言时应当举止庄重、大方，用词文明、得体。

民事审判实训实践报告

《民事审判实训》

实 践 报 告 书

系　　别：＿＿＿＿＿＿

班　　级：＿＿＿＿＿＿

任课教师：＿＿＿＿＿＿

学　　生：＿＿＿＿＿＿

学　　号：＿＿＿＿＿＿

前　言

民事审判实训课程是法学教育中非常重要的实践教学环节，在高等法学教育中具有重要地位。其以实践性和综合性的教学优势，弥补了我国现行法律职业教育存在的空白、不足或误区，是将法学通识教育与法律职业教育相结合的有效手段，对培养兼具理论知识和实践能力的复合型法律人才有着十分重要的作用。

民事审判实训课程教学目标主要包括以下三方面：（1）知识目标：通过教学使学生熟悉庭审业务；学会基本的诉讼技巧；受到多学科、多法律部门的综合训练；使其掌握的法学知识体系化、系统化。本课程要求学生能全面、系统地掌握民法、经济法、合同法、婚姻法、继承法等民事实体法和民事诉讼法程序理论知识，并能综合运用律师事务，检察实务、法律文书等知识分析、解决实际案例。（2）能力目标：通过模拟法庭课程教学培养和锻炼学生的法律实务能力。即运用所掌握的法律知识、法律思维逻辑分析法律问题并做出准确的判断和依照现行法律解决实务问题的法律运用的综合能力。（3）思想教育目标：使学生在实践中把握法律职业伦理标准，确立自己作为法律人所应有的行为操守，培养学生具备法制信仰和法律精神，具有法律理性和法律人格。

为实现以上目标，本实践报告对实训过程中的重要环节和主要法律文书进行强化，同时为了拓展学生对英美法系诉讼程序的了解，报告专门设置了两大法系庭审比较的对比单元，以期提高学生的学习兴趣和知识面。

单元一　审前旁听

本单元要求模拟开庭审理前先组织学生学习观摩真实庭审活动。可在实务模拟前先组织学生旁听人民法院公开庭审，近距离学习、观摩现实的司法实践活动，并选择其一做记录。

时间：

地点：

审判组织：

案件事由：

观后感：

（此处可粘贴附页）

任课教师评阅：

　　　　成绩： ＿＿＿＿＿＿＿

单元二　两大法系庭审比较

　　本单元要求学生在熟知我国民事诉讼庭审过程的基础上，通过查阅资料或观看相关法律电影的方法，了解英美法系民事诉讼庭审制度，并以论文的形式对两大法系庭审过程进行比较。比较的内容可以考虑从以下角度出发选择自己感兴趣的一项或多项进行比较论述：（1）审判组织；（2）审理依据；（3）庭审程序；（4）证据制度（举证制度、证明标准、证据规则等）；（5）庭前程序；（6）律师制度。

（此处可粘贴附页）

任课教师评阅：

成绩： _____

单元三　文书撰写

【参考案例】

案例一：李福全诉被告牛文华、地泉公司买卖合同纠纷 *

原告：李福全，男，1968 年 5 月 13 日出生，汉族，住江南市南岸区宏光路 67 号。

被告：江南地泉灌排设备有限公司。

法定代表人：章迎，该公司经理。

被告：牛文华，男，1978 年 5 月 13 日出生，汉族，住江南市南岸区裕泰路 123 号。

2014 年 6 月 29 日，原告李福全通过地泉公司在江南市南岸区的业务代理牛文华订购被告公司生产的喷灌机一台。并于当日给付牛文华货款现金 19 000 元，2014 年 7 月 2 日地泉公司将喷灌机送到原告的草坪基地，交付后，告知操作使用方法。第 2 天原告发现该喷灌机回收管不够长，与被告联系后，被告地泉公司派人将 40 米管送来，由于和机器自带管不匹配有接头，造成回收拖拽阻力大，损坏草坪表面。由于该机器不能正常使用，造成原告所种草坪草籽发芽后不能灌溉，导致草坪损失严重。因被告误导欺诈消费者，原告请求法院判令退还购买喷灌机款 19 000 元并赔偿草坪损失 237 600 元。由被告承担本案诉讼费用。

原告为证明其主张向法院提交如下证据：1. 2014 年 6 月 29 日牛文华书写的收款条一张用于证实购买喷灌机支付现金 19 000 元。2. 原告与被告牛文华、地泉公司业务员电话录音用于证明约定购买机器与实际机器不相

---

* 此案例为真实案例，为保护当事人隐私，人名和地名均为虚构。

符。3. 南岸区公证处公证书一份用以证明机器不能正常使用期间草坪状况。4. 证人张岐证言用以证明喷灌机自带管不足 200 米，只有 159 米，与地泉公司联系后，地泉公司送来 40 米管，重新安装后凑合能用，但也造成了草坪损失。5. 证人杨京华证言证明机器不能正常使用老出问题，厂家派人维修过一次。

被告地泉公司称：被告与原告之间的买卖合同合理合法，已经履行完毕，应受法律保护。被告曾先后两次在南岸区南李村、南柴村草坪种植基地进行喷灌草坪现场作业以宣传喷灌机的使用性能、灌溉效果，原告方三人也两次到现场观看该机器喷灌效果，之后原告确定购买被告地泉公司生产的 GP50－180 型号喷灌机。2014 年 6 月 29 日原告李银山将购买机器款 19 000 元付给我公司业务员牛文华，刘将此款汇至地泉公司。2014 年 7 月 2 日被告将机器（随机附件：工具一套、合格证、使用说明书等）运到原告草坪基地并进行安装调试至正常使用，并告知原告操作规程及注意事项。次日原告要求将喷洒长度增加到 200 米，后被告为其配送了 40 米管给原告。南岸区公证处出具的公证书仅证明草坪参差不齐的状况，但并不能证明被告生产的喷灌机有质量问题，我公司是多年从事生产农机的企业，出厂的每批产品都经过严格检验，我公司售给原告的喷灌机没有质量问题，我方不同意退款，更不同意赔偿原告的所谓损失，请法院依法驳回原告诉讼请求，诉讼费由原告承担。

被告牛文华答辩意见同被告地泉公司答辩意见。

被告地泉公司提交三份在南岸区售后意见反馈表，用以证明同类型机器用户反应非常满意。

原告李福全对被告地泉公司提供的南岸用户意见反馈表，原告认为与本案没有关联性，不排除在某地块不能正常使用。

案例二：章莉与于明、李艳生命权、健康权、身体权纠纷 *

原告：章莉，女，1983 年 7 月 17 日出生，汉族，北国国际旅行社有

---

* 此案例为真实案例，为保护当事人隐私，人名和地名均为虚构。

限公司员工，住北国市东阳区。

被告：于明，男，1962 年 5 月 13 日出生，汉族，住北国市东阳区。

被告：李艳，女，1965 年 6 月 1 日出生，汉族，住北国市东阳区。

被告：张钧，男，1977 年 11 月 18 日出生，汉族，住北国市东汉区。

原告章莉与被告张钧系夫妻关系，被告于明与李艳系夫妻关系，于明、李艳与原告母亲系邻居关系。2016 年 11 月 23 日下午 18 时左右，原告章莉与被告张钧回章莉母亲家（北国市东阳区洲头一村 48 号）吃饭，将车辆停放在楼下空地上，被告李艳下班回家常将车停放此地，于明就上楼要求章莉将车辆挪动一下，被告张钧将车辆挪动后，章莉与于明发生口角，被告张钧劝阻章莉离开，于明从后面将章莉推倒在地，张钧动手推于明，李艳也上前拉扯，继而四人产生肢体冲突，原告章莉鼻部受伤，随后报警。原告章莉于当晚前往北国市第五医院就诊，诊断为鼻骨骨折，住院治疗 13 天，产生医疗费用 11 144.69 元，后因复查产生医疗费 319.5 元。2016 年 11 月 29 日，经公安机关委托，北方明鉴法医司法鉴定所作出鄂明医临鉴字〔2016〕第 3479 号司法鉴定意见书，鉴定意见为：被鉴定人章莉的损伤程度为轻微伤。2017 年 2 月 15 日，北国市公安局东阳区分局洲头街派出所分别向原告、被告下达行政处罚决定书，对原告章莉罚款 200 元，被告于明、李艳、张钧分别罚款 500 元。

事情发生后，原告先后找被告调解三次均遭拒绝，并且恶言相对，甚至找社会人员进入洲头派出所威胁原告。原告从事旅游工作，另系一公司的法定代表人，为了不影响带队工作，原告不得已跟主治医生沟通提前手术、提前出院。由于没有很好休息，受伤部位仍有淤青，经常感觉头晕，不能正常工作，2017 年 4 月 6 日，原告再次到司法鉴定所对后续治疗费、误工期、护理期和营养期等进行了鉴定，后续治疗费还需 4 000 元，误工期为 60 日，护理期为 30 日，营养期为 30 日。原告章莉认为被告于明任意殴打原告，被告李艳也参与扯打，两被告行为严重侵犯了原告人身权益，致使原告身体受到伤害，故而向法院提起诉讼，并提出诉讼请求：1. 请求判令被告于明、李艳赔偿原告医疗费、住院伙食补助费、后续治疗费、营养费、护理费、交通费、误工费、法医鉴定费合计 26 983 元；2. 本案诉讼费由被告于明、李艳承担。2017 年 6 月 26 日，原告因 2017 年 4 月 6 日在北方明鉴法医司法鉴定所进行鉴定，对受伤部位进行复查支付检查费319.5 元，原告变更第一项请求赔偿数额为 27 302.69 元。

原告章莉诉被告于明一案，法院于 2017 年 5 月 9 日立案受理后，依法适用简易程序审理。2017 年 6 月 26 日，经原告章莉、被告于明申请，本院依法追加被告李艳、张钧参加诉讼。2017 年 7 月 5 日因案情复杂转为普通程序审理。

审理中被告于明辩称，原告鼻骨骨折与被告于明无关，应驳回原告对被告于明的起诉。

被告李艳辩称，原告一开始起诉时没有起诉被告李艳，在 2017 年 6 月25 日法庭调查时，原告也明确表示鼻骨骨折与被告李艳无关，应驳回原告对被告李艳的起诉。

被告张钧辩称，2016 年 11 月 23 日的事故中，被告张钧无任何过错，原告的损失应由被告于明和被告李艳承担。

原告章莉围绕诉讼请求向法院提交了北国市第五医院北方省医疗机构门诊通用病历、彩色超声检查报告单、DR 检查报告单、16 排 CT 检查报告单、出院记录、门诊及住院收费票据、北方明鉴司法鉴定所司法鉴定意见书、鉴定费发票、行政处罚决定书、北国市无忧时代网络科技有限公司营业执照、法定代表人身份证明书、身份证复印件、交通费票据、公安机关调解笔录及录音书面材料、用药清单以证明。被告于明、李艳为支持其抗辩理由向法院提交证人证言以证明。经原告章莉申请，法院依法到北国市公安局东阳区分局洲头街派出所调取了 2016 年 11 月 23 日视频资料、行政处罚决定书、询问笔录、调解协议书等证据。

案例三：李连昆诉造纸厂、赵安深销售合同纠纷二审 *

被上诉人李连昆与上诉人赵安深、赵安深与造纸厂厂长严凤岐为朋友

---

* 此案例为真实案例，为保护当事人隐私，人名和地名均为虚构。

关系。2002 年 7 月 3 日被上诉人李连昆找到赵安深，提议二人合伙投资购置纸草转卖给急需原料的九河市农场造纸厂。赵表示同意，二人先后投资 9 万元，其中李连昆 6 万元，赵安深 3 万元。李连昆与农场造纸厂厂长严凤岐谈判后签订购销合同，合同规定：甲方（李连昆和赵安深）向乙方（农场）提供价值 12 万元人民币的纸草，乙方待纸草全部制成纸后，若当时纸草价格高于进货时价格，则按照当时价格向甲方支付价金，若当时纸草价格低于进货时价格，则按照 12 万元的进货价向甲方支付价金。合同的签字人为：甲方：李连昆，乙方：严凤岐。

2002 年 10 月 3 日，李连昆得知造纸厂已经将纸草全部制成纸张，遂到造纸厂向严凤岐提出支付合同价金，严凤岐表示市场情况已经发生变化，纸张全部滞销，造纸厂无力支付 12 万元合同价金。二人经过协商，由严凤岐写下欠条一张，载明造纸厂欠李连昆 12 万元货款，李连昆遂暂罢催要。

2002 年 10 月 5 日，李连昆找到赵安深，声称欠条与合同上都没有赵的名字，不利于以后催要，也不利于以后赵主张自己权利。但是欠条上债权人已经标明为李连昆了，李连昆提议赵安深在欠条的担保人位置上签字。因为"你和严凤岐关系这么好，你做保人，他断然不会到时赖账"。赵同意并签字。李连昆遂将此事告知严凤岐，严凤岐表示同意。

2003 年 1 月 3 日，李连昆再次找到严凤岐催要货款，严凤岐表示拒绝在年底偿清货款。经协商未果，李连昆遂于 2003 年 3 月 12 日以违约为由向九河市人民法院提起诉讼，要求造纸厂向自己支付所欠的款项，并要求担保人赵安深承担连带责任。

九河市人民法院经过审理认为：被告造纸厂违约成立，判造纸厂向李连昆支付货款。赵安深作为连带担保人承担连带责任。赵安深不服，提出上诉。

上诉人主张：被上诉人所主张之要求上诉人承担连带责任一说不能成立。因为上诉人在签名时经被上诉人的劝说误认为这个签名的意义在于标示自己是债权人，而非债务人一方。上诉人也不知道在担保人位置签名就意味着自己要承担和债务人一样的责任，这一点被上诉人也没有提及。另外，上诉人和被上诉人一样都是严凤岐的债权人，二人合伙投资，是合伙关系，自己不可能再去做他们两人的债务人的担保人。所以欠条上载明赵安深是担保人这一行为是无效的，请求法院确认该行为无效。

被上诉人辩解：首先上诉人所谓不知道作为担保人就应该负担和债务人相同的连带责任的说法是不能成立的。保人在被保人不能偿清债务时，就应该负担偿还债务之义务，这是天经地义的事情，是社会常识，不必说明就该知道，所以被上诉人不必要在告知在担保人位置签名会产生什么后果，这应该是上诉人可以预知的。况且当时签名也是经过上诉人同意的，属于其自愿的行为，并且已经告知了债务人，三人都表示同意，因此该行为是有效的。现在上诉人不肯承担连带责任是违约的表现。

任意选择一个案例，书写起诉状（上诉状）

（此处可粘贴附页）

任课教师评阅：

　　　　　成绩：＿＿＿＿＿＿＿

任意选择一个案例，书写答辩状

（此处可粘贴附页）

任课教师评阅：

成绩：＿＿＿＿＿＿＿

任意选择一个案例，书写判决书

（此处可粘贴附页）

任课教师评阅：

成绩： _____

单元四　模拟法庭总结报告

　　本单元要求学生在参与或旁听模拟审判后，对庭审过程进行总结并提出建议。

（此处可粘贴附页）

　　任课教师评阅：

　　　　　　成绩：＿＿＿＿＿＿＿

成绩评定参考标准
（每项满分为 20 分）

序号	完成情况	评估
A	程序是否合法，操作是否规范	
B	法律运用是否准确，说理是否透彻	
C	语言表达是否流畅、精彩	
D	临场应变能力	
E	法律文书的写作能力	

总评（分数）：_____

任课教师签名：_____

年　　月　　日